Die Erfindung
der Prä-Astronautik

Paläo-SETI, Studie und außerirdische Intelligenz

Eine Betrachtung

von

Lutz Spilker

DIE ERFINDUNG DER PRÄ-ASTRONAUTIK
PALÄO-SETI, STUDIE UND AUSSERIRDISCHE INTELLIGENZ

Bibliografische Information der Deutschen Nationalbibliothek:
Die Deutsche Nationalbibliothek verzeichnet diese Publikation in der Deutschen Nationalbiblio-
grafie; detaillierte bibliografische Daten sind im Internet über http://dnb.dnb.de abrufbar.

Softcover ISBN: 978-3-384-23133-8
Ebook ISBN: 978-3-384-23134-5

© 2024 by Lutz Spilker
https://www.webbstar.de
Druck und Distribution im Auftrag des Autors:
tredition GmbH, An der Strusbek 10, 22926 Ahrensburg, Germany

Inhalt

INHALT.. 5

VORWORT 12

EINFÜHRUNG: DIE FASZINATION DER PRÄ-ASTRONAUTIK 15

DIE ANZIEHUNGSKRAFT DER PRÄ-ASTRONAUTIK................................ 15

DIE ZENTRALEN FRAGESTELLUNGEN 16

WISSENSCHAFT UND SPEKULATION... 17

DIE KULTURELLE UND GESELLSCHAFTLICHE BEDEUTUNG 18

FRÜHE MYTHEN UND LEGENDEN 20

DIE GÖTTER DER ANTIKE.. 20

MYTHEN AUS MESOPOTAMIEN 21

INDISCHE UND ASIATISCHE LEGENDEN.. 21

DIE KULTUR DER MAYA UND AZTEKEN... 22

NORDISCHE MYTHOLOGIE... 23

DIE ROLLE DER MYTHEN IN DER PRÄ-ASTRONAUTIK.............................. 23

ERSTE VORSTELLUNGEN AUßERIRDISCHER BESUCHER............... 25

DIE ANFÄNGE IN DER ANTIKE.. 25

MITTELALTERLICHE UND RENAISSANCE-SPEKULATIONEN 26

DIE AUFKLÄRUNG UND DIE FRÜHEN MODERNEN ANSÄTZE 26

DAS 19. JAHRHUNDERT UND DIE ANFÄNGE DER MODERNEN PRÄ-
ASTRONAUTIK 27

DIE BLÜTEZEIT DER SCIENCE-FICTION 28

DIE ENTSTEHUNG DER PRÄ-ASTRONAUTIK-THEORIE.............................. 28

DIE ROLLE DER MODERNEN TECHNOLOGIE UND WISSENSCHAFT 29

EIN BLICK IN DIE ZUKUNFT.. 30

DIE ANFÄNGE DER PRÄ-ASTRONAUTIK-THEORIE 31

DIE INSPIRATION AUS DER ANTIKE 31

DER EINFLUSS DER RENAISSANCE UND AUFKLÄRUNG 32

DER BEGINN DER MODERNEN ÄRA 33

DIE PIONIERE DER PRÄ-ASTRONAUTIK 33

DIE WISSENSCHAFTLICHE REAKTION 34

EIN BLICK NACH VORNE 35

ERICH VON DÄNIKEN UND DIE POPULARISIERUNG DER THEORIE 36

DER AUFSTIEG VON ERICH VON DÄNIKEN 36

DIE ZENTRALEN THESEN VON ›ERINNERUNGEN AN DIE ZUKUNFT‹ 37

DIE REAKTION DER WISSENSCHAFT 37

DER ANHALTENDE EINFLUSS VON DÄNIKENS WERK 38

PRÄ-ASTRONAUTIK IN DER POPKULTUR 38

KRITISCHE AUSEINANDERSETZUNG UND NEUE PERSPEKTIVEN 39

EIN BLEIBENDES VERMÄCHTNIS 40

DIE NAZCA-LINIEN: RÄTSEL IN DER WÜSTE 42

EIN BLICK AUF DIE NAZCA-LINIEN 42

DIE THEORIEN DER PRÄ-ASTRONAUTIK 43

ARCHÄOLOGISCHE ERKLÄRUNGEN 43

DIE TECHNIK HINTER DEN LINIEN 44

DIE FASZINATION DER NAZCA-LINIEN 45

DIE NAZCA-LINIEN IM MODERNEN KONTEXT 45

DIE PYRAMIDEN VON ÄGYPTEN: MONUMENTE DER GÖTTER? 47

DIE FASZINATION DER PYRAMIDEN 47

PRÄZISION UND TECHNOLOGIE 48

MENSCHLICHE ERRUNGENSCHAFT ODER AUSSERIRDISCHE HILFE? 49

SYMBOLIK UND RELIGIÖSE BEDEUTUNG 50

WISSENSCHAFTLICHE PERSPEKTIVEN 50

EIN RÄTSEL DER VERGANGENHEIT 51

ALTE BAUWERKE UND TECHNOLOGIEN 52

EIN PRÄHISTORISCHES RÄTSEL 53

GEOGLYPHEN IM SAND 54

HOCHPRÄZISE STEINMETZKUNST 55

EIN ANTIKES COMPUTER 56

TEMPEL DER GIGANTEN 56

DIE ÄLTESTE TEMPELANLAGE DER WELT 57

EINE ANTIKE GLÜHBIRNE? 58

MENSCHLICHER EINFALLSREICHTUM ODER AUßERIRDISCHE EINFLÜSSE? 58

DIE DOGON UND DAS SIRIUS-RÄTSEL 60

HÜTER EINES ALTEN WISSENS? 60

DAS WISSEN DER DOGON ÜBER SIRIUS 61

MARCEL GRIAULE UND DIE DOGON-KOSMOLOGIE 62

DIE PRÄ-ASTRONAUTIK-THEORIE UND DAS SIRIUS-RÄTSEL 62

KRITISCHE PERSPEKTIVEN UND WISSENSCHAFTLICHE ERKLÄRUNGEN 63

MYSTERIUM ODER MISSVERSTÄNDNIS? 64

MODERNE UFO-SICHTUNGEN UND BEGEGNUNGEN 65

DIE ANFÄNGE DER MODERNEN UFO-ÄRA 65

DER ROSWELL-ZWISCHENFALL 66

ENTFÜHRUNGEN DURCH AUßERIRDISCHE 66

UFO-SICHTUNGEN WELTWEIT 67

OFFIZIELLE UNTERSUCHUNGEN UND ENTHÜLLUNGEN 67

WISSENSCHAFTLICHE ERKLÄRUNGSVERSUCHE 68

DIE BEDEUTUNG DER UFO-PHÄNOMENE 69

WISSENSCHAFTLICHE PERSPEKTIVEN UND SKEPSIS 70

WISSENSCHAFTLICHE METHODIK UND DIE PRÄ-ASTRONAUTIK 70

ARCHÄOLOGISCHE UND HISTORISCHE EINWÄNDE 71

DIE ROLLE DER ASTRONOMIE 72

PSYCHOLOGISCHE UND SOZIOLOGISCHE PERSPEKTIVEN 72

KRITIK AN DEN ›BEWEISEN‹ DER PRÄ-ASTRONAUTIK 73

WISSENSCHAFTLICHER SKEPTIZISMUS UND DIE NOTWENDIGKEIT DER
KRITISCHEN ÜBERPRÜFUNG 74

DER DIALOG ZWISCHEN WISSENSCHAFT UND PRÄ-ASTRONAUTIK 74

PSEUDOWISSENSCHAFT UND IHRE KRITIKER 75

WAS IST PSEUDOWISSENSCHAFT? 76

DIE ROLLE DER PSEUDOWISSENSCHAFT IN DER PRÄ-ASTRONAUTIK 77

SELEKTIVE VERWENDUNG VON BEWEISEN 77

FEHLENDE FALSIFIZIERBARKEIT 78

BERUFUNG AUF VERSCHWÖRUNGSTHEORIEN 78

KRITIK AN DER PRÄ-ASTRONAUTIK 78

MANGEL AN EMPIRISCHEN BEWEISEN 79

UNWISSENSCHAFTLICHE METHODOLOGIE 79

KULTURELLER CHAUVINISMUS 79

VERBREITUNG VON FEHLINFORMATIONEN 80

DIE BEDEUTUNG KRITISCHEN DENKENS 80

DIE ROLLE DER MEDIEN UND POPKULTUR 82

DIE MACHT DER LITERATUR 82

POPKULTUR UND DAS ERBE DER PRÄ-ASTRONAUTIK 84

WISSENSCHAFTLICHE DOKUMENTATIONEN UND KRITIK 84

DIE DOPPELTE KLINGE DER MEDIEN 85

PSYCHOLOGISCHE ASPEKTE DER PRÄ-ASTRONAUTIK 86

DIE SUCHE NACH BEDEUTUNG UND ZUGEHÖRIGKEIT 86

DER DRANG NACH ERKLÄRUNGEN FÜR DAS UNERKLÄRLICHE 87

VERSCHWÖRUNGSTHEORIEN UND MISSTRAUEN GEGENÜBER AUTORITÄTEN 88

KULTURELLE PRÄGUNG UND MEDIEN 88

KOGNITIVE VERZERRUNGEN UND BESTÄTIGUNGSFEHLER 89

DER WUNSCH NACH ABENTEUER UND ENTDECKUNG 90

EIN KOMPLEXES GEFLECHT PSYCHOLOGISCHER FAKTOREN 90

ALTERNATIVE ERKLÄRUNGEN UND THEORIEN **91**

ARCHÄOLOGIE UND INGENIEURSKUNST 91

KULTURELLE UND RELIGIÖSE SYMBOLE 92

FORTSCHRITTE IN DER WISSENSCHAFT UND TECHNIK 93

ANTHROPOLOGIE UND MENSCHLICHE KREATIVITÄT 93

PSYCHOLOGISCHE UND SOZIOLOGISCHE ERKLÄRUNGEN 94

DIE STÄRKE DER WISSENSCHAFTLICHEN ERKLÄRUNG 95

EINFLUSS AUF DIE MODERNE GESELLSCHAFT **96**

PRÄ-ASTRONAUTIK UND POPKULTUR 96

WISSENSCHAFTLICHE DISKUSSIONEN UND ÖFFENTLICHE SKEPSIS 97

KULTURELLE UND GESELLSCHAFTLICHE IMPLIKATIONEN 98

SOZIALE BEWEGUNGEN UND GEMEINSCHAFTEN 99

EINE BLEIBENDE FASZINATION 100

RELIGIÖSE UND PHILOSOPHISCHE IMPLIKATIONEN **101**

DIE VERBINDUNG ZWISCHEN PRÄ-ASTRONAUTIK UND RELIGION 101

PHILOSOPHISCHE BEDEUTUNG UND HERAUSFORDERUNGEN 102

DIE REAKTIONEN DER RELIGIÖSEN GEMEINSCHAFTEN 103

DIE SUCHE NACH EINER HÖHEREN WAHRHEIT 104

DIE ROLLE DER PRÄ-ASTRONAUTIK IN DER
WISSENSCHAFTSGESCHICHTE **105**

DER AUFSTIEG DER PRÄ-ASTRONAUTIK IN DER WISSENSCHAFT 106

EINFLUSS AUF DIE ARCHÄOLOGIE UND ANTHROPOLOGIE 107

EIN NEUER BLICK AUF DAS UNIVERSUM 108

INTERDISZIPLINÄRE AUSWIRKUNGEN 109

KRITISCHE REFLEXION UND DIE BEDEUTUNG WISSENSCHAFTLICHER METHODIK
.... 109

EINE BLEIBENDE WIRKUNG 110

AKTUELLE ENTWICKLUNGEN UND ZUKÜNFTIGE FORSCHUNGEN
....112

DIE ROLLE MODERNER TECHNOLOGIE 112
NEUE THEORIEN UND INTERPRETATIONEN 113
INTERDISZIPLINÄRE ANSÄTZE UND ZUSAMMENARBEIT 114
DIE SUCHE NACH AUSSERIRDISCHEM LEBEN 114
ZUKÜNFTIGE FORSCHUNGSPROJEKTE UND EXPEDITIONEN 115
DIE ZUKUNFT DER PRÄ-ASTRONAUTIK...............116

FAZIT: DIE GRENZEN UNSERES WISSENS...............117

EINE ZUSAMMENFASSUNG DER ERKENNTNISSE 117
DIE GRENZEN UNSERES WISSENS 118
AUSBLICK AUF DIE ZUKÜNFTIGE ENTWICKLUNG 119

ÜBER DEN AUTOR 121

IN DIESER REIHE SIND BISHER ERSCHIENEN...............122

**Wichtigtuer sind zwar zu gut erzogen,
um mit vollem Mund zu sprechen.
Aber sie haben keine Bedenken,
es mit leeren Kopf zu tun.**

Erich von Däniken

Erich Anton Paul von Däniken (* 14. April 1935 in Zofingen) ist ein Schweizer Buchautor, der die pseudowissenschaftliche Prä-Astronautik einem breiten Lesepublikum bekannt gemacht hat.

Vorwort

Sehr geehrte Leserinnen und Leser,

ich freue mich außerordentlich, Ihnen dieses Buch mit dem Titel ›Die Erfindung der Prä-Astronautik‹ vorstellen zu dürfen. In den folgenden Seiten werden wir gemeinsam eine faszinierende Reise antreten, um das Phänomen der Prä-Astronautik zu erkunden, eine der provokativsten und kontroversesten Ideen, die die Menschheit je hervorgebracht hat.

Bevor Sie sich in den Inhalt dieses Buches vertiefen, möchte ich einige interessante Gedanken mit Ihnen teilen. In vielen verschiedenen Kulturen ist es weltweit üblich, fest an einen Gott oder ein höheres Wesen zu glauben. Doch wenn wir genauer darüber nachdenken, ist eine Gottheit eigentlich ein Wesen, das nicht von dieser Erde stammt – also im Grunde genommen ein Außerirdischer. Es ist faszinierend zu erkennen, dass viele Menschen keinerlei Probleme damit haben, an eine solche überirdische Existenz zu glauben, während sie gleichzeitig skeptisch reagieren, wenn es um die Akzeptanz außerirdischen Lebens geht. Dies liegt wahrscheinlich daran, dass ihnen verschiedene Bilder und Vorstellungen von diesen Konzepten präsentiert wurden, sodass sie keinen direkten Zusammenhang erkennen können.

Dennoch sollten wir uns die Frage stellen: Könnten diese beiden Vorstellungen möglicherweise ein und dasselbe sein? Ist es denkbar, dass die Gottheiten, an die so viele glauben, tatsächlich außerirdische Wesen sind, die die Erde besucht haben? Und könnte es sein, dass gerade diese Wesen es waren, die uns das Leben auf unserem Planeten erst ermöglicht haben?

Diese Gedanken regen zu einem neuen Blick auf die Verbindung zwischen Religion und der Idee außerirdischer Intelligenz an und eröffnen spannende Perspektiven auf das Verständnis unserer eigenen Existenz und unseres Platzes im Universum.

Die Prä-Astronautik, die Theorie, dass außerirdische Wesen in der Vergangenheit die menschliche Zivilisation beeinflusst haben könnten, ist ein Thema von enormer Bedeutung und Anziehungskraft. Es regt nicht nur die Fantasie an, sondern wirft auch tiefgreifende Fragen über die Natur des Universums, die menschliche Existenz und unsere Position im Kosmos auf.

In diesem Buch werden wir uns mit der Geschichte und Entwicklung der Prä-Astronautik befassen, angefangen bei den frühesten Vorstellungen von außerirdischen Besuchern bis hin zu den modernen Interpretationen und Auswirkungen auf unsere Gesellschaft. Wir werden die verschiedenen Theorien und Hypothesen untersuchen, die von Befürwortern der Prä-Astronautik vorgebracht wurden, und kritisch hinterfragen, welche Beweise und Argumente für oder gegen diese Ideen sprechen.

Unser Ziel ist es, Ihnen eine umfassende und ausgewogene Darstellung dieses faszinierenden Themas zu präsentieren und Ihnen die Werkzeuge an die Hand zu geben, um selbstständig über die Gültigkeit und Relevanz der Prä-Astronautik nachzudenken. Dabei werden wir nicht nur die wissenschaftlichen Aspekte beleuchten, sondern auch auf die kulturellen, philosophischen und religiösen Implikationen eingehen, die mit dieser Idee verbunden sind.

Ich möchte nicht unerwähnt lassen, dass dieses Buch keine endgültigen Antworten oder Lösungen liefert, sondern vielmehr dazu einlädt, sich aktiv mit den Fragen und Herausforderungen zu beschäftigen, die die Prä-Astronautik aufwirft. Es ist meine Hoffnung, dass dieses Buch nicht nur Ihr Interesse an diesem faszinierenden Thema weckt, sondern auch dazu beiträgt, einen konstruktiven und aufgeklärten Dialog über die großen Rätsel des Universums zu fördern.

Ich danke Ihnen herzlich dafür, dass Sie sich die Zeit nehmen, dieses Buch zu lesen, und ich hoffe, dass es Ihnen eine ebenso spannende und erkenntnisreiche Lektüre bietet, wie es mir eine Freude war, es zu verfassen.

Mit den besten Wünschen und Dankbarkeit für Ihr Interesse,

Lutz Spilker

Einführung: Die Faszination

der Prä-Astronautik

Die Vorstellung, dass hochentwickelte außerirdische Zivilisationen die Erde in der fernen Vergangenheit besucht und die menschliche Zivilisation beeinflusst haben könnten, hat die menschliche Fantasie seit Jahrzehnten beflügelt. Diese Idee, bekannt als Prä-Astronautik, fasziniert durch ihre Verbindung von Wissenschaft, Mythologie und Spekulation. Doch was macht diese Theorie so anziehend, und warum löst sie sowohl Begeisterung als auch Skepsis aus? In diesem Kapitel tauchen wir ein in die Faszination der Prä-Astronautik und erkunden die zentralen Fragestellungen, die dieses Phänomen umgeben.

Die Anziehungskraft der Prä-Astronautik

Die Prä-Astronautik zieht Menschen aus verschiedenen Gründen an. Zum einen bietet sie eine alternative Sichtweise auf die Geschichte der Menschheit, die weit über die konventionellen Erklärungen hinausgeht. Die Idee, dass unsere Vorfahren möglicherweise in Kontakt mit außerirdischen Wesen standen, eröffnet neue Perspektiven auf die Ursprünge der Zivilisation, auf technische Errungenschaften und auf kulturelle Entwicklungen. Solche Überlegungen sind besonders reizvoll, weil sie die Möglichkeit andeuten, dass die Menschheit Teil eines größeren, kosmischen Plans sein könnte.

Zum anderen befriedigt die Prä-Astronautik das menschliche Bedürfnis nach dem Wunderbaren und dem Geheimnisvollen. In einer Welt, die zunehmend von wissenschaftlichen Erklärungen dominiert wird, sehnen sich viele Menschen nach Mysterien, die sich nicht so leicht erklären lassen. Die Prä-Astronautik erfüllt diese Sehnsucht, indem sie faszinierende Fragen aufwirft und unsere Vorstellungskraft anregt.

Die zentralen Fragestellungen

Die Prä-Astronautik wirft eine Vielzahl von Fragen auf, die tief in das Wesen der menschlichen Existenz und unsere Stellung im Universum eindringen. Eine der grundlegendsten Fragen lautet: Haben außerirdische Besucher in der Vergangenheit tatsächlich Einfluss auf die menschliche Zivilisation genommen? Diese Frage führt zu weiteren Überlegungen: Wenn ja, wie sah dieser Einfluss aus? Welche Spuren haben sie hinterlassen, und wie können wir diese heute erkennen?

Eine weitere zentrale Fragestellung betrifft die Interpretation alter Texte, Mythen und Artefakte. Viele Befürworter der Prä-Astronautik weisen auf antike Schriften und Bauwerke hin, die ihrer Meinung nach Hinweise auf außerirdische Einflüsse enthalten. Doch wie verlässlich sind diese Interpretationen? Sind die alten Mythen von Göttern und Himmelswesen tatsächlich Berichte über außerirdische Besucher, oder handelt es sich um symbolische Darstellungen, die ganz andere Bedeutungen haben?

Auch die technologischen Aspekte der Prä-Astronautik sind von großer Bedeutung. Wie konnten alte Zivilisationen monumentale Bauwerke wie die Pyramiden von Gizeh oder die Nazca-Linien in Peru errichten? Waren diese Errungenschaften das Ergebnis menschlichen Ingenieurwissens, oder benötigten unsere Vorfahren Hilfe von fortschrittlichen außerirdischen Zivilisationen? Diese Fragen stellen unsere bisherigen Annahmen über die Fähigkeiten und das Wissen unserer Vorfahren in Frage und regen zu neuen, interdisziplinären Forschungen an.

Wissenschaft und Spekulation

Ein weiteres faszinierendes Element der Prä-Astronautik ist die Spannung zwischen wissenschaftlicher Skepsis und spekulativer Fantasie. Während viele etablierte Wissenschaftler die Prä-Astronautik als pseudowissenschaftlich ablehnen, bleibt die Theorie für eine breite Öffentlichkeit attraktiv. Diese Diskrepanz verdeutlicht die Herausforderungen, die mit der Interpretation von Beweisen und der Definition von Wissen verbunden sind.

Die Prä-Astronautik fordert uns auf, über die Grenzen unseres gegenwärtigen Wissens hinauszudenken und neue Möglichkeiten in Betracht zu ziehen. Gleichzeitig erinnert sie uns daran, kritisch zu bleiben und unsere Schlussfolgerungen sorgfältig zu prüfen. Diese Balance zwischen Offenheit für das Unbekannte und wissenschaftlicher Strenge ist ein zentrales Thema in der Diskussion über die Prä-Astronautik.

Die kulturelle und gesellschaftliche Bedeutung

Schließlich berührt die Prä-Astronautik tiefere kulturelle und gesellschaftliche Fragen. Sie spiegelt unser kollektives Bedürfnis wider, unseren Platz im Universum zu verstehen und Sinn in unserem Dasein zu finden. Die Vorstellung, dass wir Teil einer größeren, kosmischen Gemeinschaft sein könnten, hat sowohl tröstende als auch beunruhigende Implikationen. Sie ermutigt uns, unsere eigenen Ursprünge und unsere Zukunft mit neuen Augen zu sehen.

Die Prä-Astronautik ist mehr als nur eine Theorie; sie ist ein kulturelles Phänomen, das unsere Vorstellungen von Identität, Fortschritt und dem Universum herausfordert und erweitert. Indem wir uns mit den zentralen Fragen der Prä-Astronautik auseinandersetzen, betreten wir ein faszinierendes Gedankengebäude, das uns dazu einlädt, die bekannten Grenzen des Wissens zu überschreiten und uns auf die Suche nach neuen Antworten zu begeben.

In den kommenden Kapiteln dieses Buches werden wir die Geschichte, die Beweise und die Kontroversen der Prä-Astronautik eingehend untersuchen. Wir werden die verschiedenen Theorien und Interpretationen beleuchten, die von Befürwortern und Kritikern vorgebracht wurden, und versuchen, ein umfassendes Bild dieses faszinierenden Phänomens zu zeichnen. Begleiten Sie mich auf dieser Reise und lassen Sie uns gemeinsam die Geheimnisse der Vergangenheit und die Möglichkeiten der Zukunft erkunden.

Mit diesen einleitenden Gedanken lade ich Sie ein, tiefer in das Thema der Prä-Astronautik einzutauchen und die spannende Reise zu beginnen, die vor uns liegt.

Felsritzungen des Valcamonica (Italien); von manchen Autoren als Darstellung außerirdischer Astronauten auf der Erde gedeutet. Photo by Luca Giarelli

Frühe Mythen und Legenden

Die Menschheit hat seit jeher Mythen und Legenden geschaffen, um das Unerklärliche zu verstehen und die Geheimnisse des Universums zu ergründen. Diese Geschichten sind nicht nur ein Ausdruck der menschlichen Fantasie, sondern oft auch Spiegelbilder der tiefsten Ängste und Hoffnungen unserer Vorfahren. In diesem Kapitel tauchen wir ein in die Welt der alten Mythen und Legenden über göttliche oder übernatürliche Wesen und untersuchen, welche Bedeutung sie für die Theorie der Prä-Astronautik haben.

Die Götter der Antike

In nahezu jeder antiken Kultur finden sich Geschichten von mächtigen Göttern, die vom Himmel herabstiegen, um die Menschen zu leiten, zu belehren oder zu bestrafen. Diese Götter wurden oft als Wesen von großer Macht und Weisheit dargestellt, die übernatürliche Fähigkeiten besaßen und in prächtigen Himmelswagen reisten. Ein klassisches Beispiel dafür sind die Götter des alten Griechenlands, wie Zeus, der mit seinen Blitzen die Erde erschütterte, und Apollo, der mit seinem Sonnenwagen über den Himmel fuhr.

Ebenso faszinierend sind die Götter des alten Ägyptens. Der Sonnengott Ra, der jeden Tag mit seinem Sonnenboot über den Himmel segelte, und Osiris, der Gott der Unterwelt, waren zentrale Figuren in den ägyptischen Mythen. Diese Götter wurden oft als Halbgötter oder Götter in Menschengestalt dargestellt, was die Vorstellung von übernatürlichen Besuchern aus anderen Welten nährte.

Mythen aus Mesopotamien

In Mesopotamien, der Wiege der Zivilisation, entstanden einige der frühesten bekannten Mythen über göttliche Wesen. Das Gilgamesch-Epos, eines der ältesten literarischen Werke der Menschheit, erzählt von Gilgamesch, einem König, der zu zwei Dritteln Gott und zu einem Drittel Mensch war. Diese hybride Natur deutet auf die Vorstellung hin, dass göttliche Wesen und Menschen sich vermischen konnten, was wiederum Spekulationen über außerirdische Eingriffe befeuert.

Ein weiteres bedeutendes Werk ist das Enuma Elish, das babylonische Schöpfungsepos, das von der Entstehung der Welt und den Taten der Götter berichtet. In diesem Epos spielen die Anunnaki, eine Gruppe von Göttern, eine zentrale Rolle. Einige Befürworter der Prä-Astronautik-Theorie sehen in den Anunnaki Hinweise auf außerirdische Besucher, die die Menschheit beeinflusst haben könnten.

Indische und asiatische Legenden

Auch die alten Schriften und Mythen Indiens sind reich an Geschichten über göttliche Wesen und Himmelsfahrzeuge. In den Veden und den Epen Mahabharata und Ramayana finden sich Beschreibungen von Vimanas, fliegenden Maschinen, die von den Göttern genutzt wurden. Diese Vimanas wurden oft als fliegende Paläste oder Wagen dargestellt, die sowohl in der Luft als auch im Wasser operieren konnten.

Die Vorstellung von Himmelsfahrzeugen und göttlichen Kriegen, die in den Lüften ausgetragen wurden, hat viele Prä-Astronautik-Theoretiker zu der Annahme veranlasst, dass diese Geschichten auf tatsächliche außerirdische Technologien und Besucher hindeuten könnten. Die detaillierten Beschreibungen und technischen Spezifikationen in den alten Texten bieten reichhaltiges Material für Spekulationen und Interpretationen.

Die Kultur der Maya und Azteken

In Mittel- und Südamerika entwickelten die Maya und Azteken komplexe Religionen und Mythen, die von göttlichen Wesen und kosmischen Ereignissen durchdrungen waren. Quetzalcoatl, der gefiederte Schlangengott der Azteken, wurde oft als ein weiser Lehrer dargestellt, der den Menschen Zivilisation und Wissen brachte. Ähnlich beschrieben die Maya ihre Götter als mächtige Himmelswesen, die vom Sternenhimmel herabstiegen.

Die präzisen astronomischen Kenntnisse der Maya und ihre monumentalen Bauwerke wie die Pyramiden von Chichen Itza haben einige Forscher zu der Annahme geführt, dass diese Zivilisationen möglicherweise Unterstützung von außerirdischen Besuchern erhielten. Die Legenden über göttliche Lehrer und Himmelsfahrzeuge passen gut in die Theorie der Prä-Astronautik, die besagt, dass außerirdische Wesen in der Vergangenheit Einfluss auf die menschliche Entwicklung genommen haben könnten.

Nordische Mythologie

Selbst in der nordischen Mythologie finden sich Hinweise auf übernatürliche Wesen, die aus anderen Welten stammen. Die Asen, die Hauptgötter der nordischen Sagen, lebten in Asgard, einem Reich, das über eine Regenbogenbrücke, den Bifröst, mit der Erde verbunden war. Odin, Thor und die anderen Götter wurden als mächtige Krieger und Magier beschrieben, die in fantastischen Himmelsburgen lebten.

Diese Geschichten von göttlichen Wesen, die zwischen den Welten reisen und mit Menschen interagieren, bieten einen weiteren kulturellen Kontext, der die Prä-Astronautik-Theorie unterstützt. Die Vorstellung, dass diese Götter tatsächlich außerirdische Besucher gewesen sein könnten, fügt den alten Mythen eine neue Dimension hinzu und eröffnet neue Interpretationsmöglichkeiten.

Die Rolle der Mythen in der Prä-Astronautik

Die alten Mythen und Legenden über göttliche und übernatürliche Wesen sind ein wesentlicher Bestandteil der Prä-Astronautik-Theorie. Sie bieten eine reiche Quelle an Geschichten und Symbolen, die als Hinweise auf mögliche außerirdische Besuche und Einflüsse interpretiert werden können. Diese Mythen sind jedoch nicht nur historische Dokumente, sondern auch Ausdruck der kulturellen und spirituellen Bedürfnisse der Menschen, die sie geschaffen haben.

Während die Prä-Astronautik oft als pseudowissenschaftlich kritisiert wird, bleibt die Faszination für die Möglichkeit, dass unsere Vorfahren in Kontakt mit außerirdischen Wesen standen, ungebrochen. Die Mythen und Legenden dienen als Brücke zwischen den Welten des Faktischen und des Fantastischen, des Bekannten und des Unbekannten. Sie erinnern uns daran, dass die Menschheit stets danach strebt, über ihre Grenzen hinauszuschauen und das Unmögliche zu erkunden.

In diesem Kapitel haben wir einen ersten Blick auf die reiche Welt der Mythen und Legenden geworfen, die die Theorie der Prä-Astronautik unterstützen könnten. In den folgenden Kapiteln werden wir tiefer in die spezifischen Geschichten und Beweise eintauchen, die diese Theorie untermauern oder in Frage stellen. Begleiten Sie uns auf dieser Reise durch die Vergangenheit und die Vorstellungskraft, während wir die möglichen Spuren der Prä-Astronautik in den alten Mythen und Legenden der Menschheit erkunden.

Erste Vorstellungen außerirdischer Besucher

Die Idee, dass außerirdische Wesen die Erde besucht haben könnten, ist weder neu noch rein modern. Sie hat ihre Wurzeln tief in der Geschichte der Menschheit und spiegelt das unermüdliche Streben des Menschen wider, das Unbekannte zu ergründen und Antworten auf die großen Fragen des Seins zu finden. In diesem Kapitel werden wir die Ursprünge dieser faszinierenden Vorstellung untersuchen und aufzeigen, wie sie sich über die Jahrhunderte hinweg entwickelt hat.

Die Anfänge in der Antike

Die ersten schriftlichen Zeugnisse über mögliche außerirdische Besucher stammen aus der Antike. In den alten Texten und Überlieferungen verschiedener Kulturen finden sich Hinweise auf Wesen, die von den Sternen kamen. Diese Berichte sind oft eng mit den religiösen und mythologischen Vorstellungen der damaligen Zeit verknüpft.

Im antiken Griechenland etwa spekulierten Philosophen wie Anaxagoras und Demokrit über die Existenz anderer Welten und deren Bewohner. Anaxagoras war einer der ersten, der vorschlug, dass die Sterne und Planeten aus ähnlichem Material wie die Erde bestehen könnten und daher möglicherweise Leben beherbergen. Diese frühen philosophischen Überlegungen legten den Grundstein für die spätere Vorstellung, dass die Erde nicht der einzige bewohnte Ort im Universum sei.

Mittelalterliche und Renaissance-Spekulationen

Im Mittelalter wurden viele antike Texte und Ideen durch die religiöse Orthodoxie unterdrückt, doch in der Renaissance erlebten sie eine Wiedergeburt. Wissenschaftler und Denker wie Giordano Bruno griffen die Idee auf, dass das Universum unendlich sei und zahllose bewohnte Welten enthalte. Bruno, der für seine ketzerischen Ansichten schließlich auf dem Scheiterhaufen landete, spekulierte offen über die Existenz intelligenter Wesen auf anderen Planeten.

Diese Vorstellungen wurden weiter durch die Fortschritte in der Astronomie gestützt. Als Galileo Galilei und andere Wissenschaftler begannen, das Universum durch Teleskope zu erforschen, stießen sie auf erstaunliche Entdeckungen, die die alten Annahmen über das Universum in Frage stellten und neue Möglichkeiten eröffneten. Die Vorstellung, dass außerirdische Wesen die Erde besuchen könnten, gewann allmählich an Glaubwürdigkeit.

Die Aufklärung und die frühen modernen Ansätze

Mit der Aufklärung und der wissenschaftlichen Revolution des 17. und 18. Jahrhunderts begann eine systematischere Untersuchung des Himmels und der Planeten. Wissenschaftler wie Johannes Kepler und Isaac Newton legten die Grundlagen für das moderne Verständnis der Astronomie und der Physik. In dieser Zeit wurden auch die ersten spekulativen Schriften über außerirdisches Leben populär.

Ein bemerkenswertes Beispiel ist das Werk ›Somnium‹ von Kepler, das oft als der erste Science-Fiction-Roman betrachtet wird. In diesem Buch beschreibt Kepler eine Traumreise zum Mond und spekuliert über die Möglichkeit, dass der Mond von intelligenten Wesen bewohnt sein könnte. Diese und ähnliche Werke inspirierten spätere Generationen von Schriftstellern und Denkern, die sich mit der Möglichkeit außerirdischen Lebens auseinandersetzten.

Das 19. Jahrhundert und die Anfänge der modernen Prä-Astronautik

Im 19. Jahrhundert gewann die Idee außerirdischer Besucher weiter an Boden. Dies war teilweise auf die rasante Entwicklung von Wissenschaft und Technologie zurückzuführen. Der französische Schriftsteller Camille Flammarion war einer der ersten, der ernsthaft über die Möglichkeit außerirdischen Lebens schrieb. In seinen populärwissenschaftlichen Werken spekulierte Flammarion über die Existenz intelligenter Zivilisationen auf anderen Planeten und ihre potenziellen Reisen zur Erde.

Gleichzeitig wuchs das Interesse an archäologischen Entdeckungen und alten Kulturen. Forscher stießen auf rätselhafte Bauwerke und Artefakte, die sich nicht leicht erklären ließen.

Diese Funde weckten Spekulationen über den Ursprung solcher Strukturen und führten einige zu der Überlegung, dass sie von fortschrittlichen außerirdischen Besuchern geschaffen oder beeinflusst worden sein könnten.

Die Blütezeit der Science-Fiction

Im frühen 20. Jahrhundert begann die Science-Fiction-Literatur, sich intensiv mit dem Thema außerirdischer Besucher zu beschäftigen. Autoren wie H.G. Wells und Edgar Rice Burroughs schufen lebendige Geschichten von Begegnungen mit außerirdischen Zivilisationen. Wells' ›Krieg der Welten‹ ist ein Paradebeispiel für diese Zeit, in der die Idee außerirdischer Invasionen sowohl die Fantasie des Publikums als auch die wissenschaftlichen Spekulationen beflügelte.

Diese Werke beeinflussten nicht nur die Popkultur, sondern auch das wissenschaftliche und gesellschaftliche Denken über die Möglichkeit außerirdischen Lebens. Sie legten den Grundstein für die spätere Entwicklung der Prä-Astronautik-Theorie, die behauptet, dass außerirdische Besucher nicht nur existieren, sondern auch einen signifikanten Einfluss auf die menschliche Zivilisation gehabt haben könnten.

Die Entstehung der Prä-Astronautik-Theorie

Die moderne Prä-Astronautik-Theorie, wie wir sie heute kennen, entstand in der Mitte des 20. Jahrhunderts. Einer ihrer prominentesten Vertreter ist der Schweizer Autor Erich von Däniken, dessen Buch ›Erinnerungen an die Zukunft‹ 1968 veröffentlicht wurde und zu einem internationalen Bestseller wurde. Däniken argumentierte, dass viele antike Bauwerke und Artefakte auf der Erde nur durch den Einfluss fortschrittlicher außerirdischer Technologien erklärt werden könnten.

Dänikens Theorien basieren auf der Interpretation verschiedener archäologischer Funde, wie den Pyramiden von Gizeh, den Nazca-Linien in Peru und den antiken Ruinen von Puma Punku in Bolivien. Er behauptete, dass diese Strukturen Beweise für den Besuch außerirdischer Wesen seien, die in der Vergangenheit als Götter verehrt wurden. Diese Ideen lösten heftige Debatten aus und wurden sowohl von Wissenschaftlern als auch von der breiten Öffentlichkeit kontrovers diskutiert.

Die Rolle der modernen Technologie und Wissenschaft

Die Fortschritte in der modernen Technologie und Wissenschaft haben die Debatten über außerirdische Besucher weiter angeheizt. Mit der Entwicklung von Radioteleskopen und der Suche nach außerirdischer Intelligenz (SETI) hat die wissenschaftliche Gemeinschaft konkrete Schritte unternommen, um Beweise für außerirdisches Leben zu finden. Während diese Bemühungen bisher keine schlüssigen Beweise geliefert haben, haben sie doch das Bewusstsein für die Möglichkeit außerirdischen Lebens geschärft.

Die Entdeckung von Exoplaneten und die Erkenntnis, dass viele dieser Planeten in habitablen Zonen um ihre Sterne kreisen, haben die Diskussionen über außerirdische Zivilisationen weiter befeuert. Diese wissenschaftlichen Entdeckungen haben dazu beigetragen, die Vorstellung zu unterstützen, dass das Universum möglicherweise wimmelt von Leben, und dass es nicht unwahrscheinlich ist, dass einige dieser Zivilisationen die Mittel entwickelt haben könnten, um interstellare Reisen zu unternehmen und die Erde zu besuchen.

Ein Blick in die Zukunft

Die Vorstellung, dass außerirdische Wesen die Erde besucht haben könnten, bleibt ein faszinierendes und kontroverses Thema. Während die wissenschaftliche Gemeinschaft weiterhin nach definitiven Beweisen sucht, bleibt die Möglichkeit, dass wir in der Vergangenheit Besuch von fortschrittlichen Zivilisationen hatten, eine Quelle endloser Spekulation und Debatte.

In den kommenden Kapiteln dieses Buches werden wir uns tiefer mit den Beweisen und Theorien auseinandersetzen, die die Prä-Astronautik unterstützen. Wir werden die Argumente und Gegenargumente untersuchen und die Auswirkungen dieser Ideen auf unser Verständnis der menschlichen Geschichte und unserer Position im Universum beleuchten. Dabei laden wir Sie ein, sich mit offenem Geist auf diese Reise zu begeben und die faszinierenden Möglichkeiten zu erkunden, die die Idee der außerirdischen Besucher bietet.

Die Anfänge der Prä-Astronautik-Theorie

Die Prä-Astronautik-Theorie, die besagt, dass außerirdische Wesen die menschliche Zivilisation in der Vergangenheit beeinflusst haben könnten, hat ihre Wurzeln in einer Vielzahl von frühen Theorien und Schriften. Diese frühen Ideen, die oft aus den Randbereichen der Wissenschaft und Philosophie stammen, legten das Fundament für die modernen Konzepte der Prä-Astronautik. In diesem Kapitel werden wir einige dieser wegweisenden Theorien und Schriften untersuchen, die den Grundstein für die spätere Entwicklung dieser faszinierenden Idee gelegt haben.

Die Inspiration aus der Antike

Die Antike war reich an Mythen und Legenden, die von übernatürlichen oder göttlichen Wesen erzählten, die auf die Erde herabstiegen und die Menschheit beeinflussten. Diese Geschichten sind oft die frühesten Hinweise auf die Idee, dass fortschrittliche Wesen die menschliche Zivilisation geprägt haben könnten. Eine dieser Geschichten findet sich in der griechischen Mythologie, in der die Titanen und Götter vom Olymp herabstiegen, um mit den Menschen zu interagieren. Diese Götter wurden als Wesen von außerordentlicher Macht und Wissen beschrieben, was in modernen Interpretationen als mögliche außerirdische Besucher gedeutet werden könnte.

Ein weiteres Beispiel sind die sumerischen Schriften, insbesondere die Erzählungen über die Anunnaki, eine Gruppe von Göttern, die angeblich die menschliche Zivilisation erschaffen und vorangebracht haben sollen. Die Erzählungen über die Anunnaki haben in der modernen Prä-Astronautik-Theorie eine besondere Bedeutung erlangt, da sie oft als Beweis für außerirdische Einflüsse auf die frühesten menschlichen Kulturen herangezogen werden.

Der Einfluss der Renaissance und Aufklärung

Während des Mittelalters wurden viele antike Texte und Ideen durch religiöse Dogmen unterdrückt, doch in der Renaissance und der Aufklärung erlebten diese Gedanken eine Wiedergeburt. In dieser Zeit begannen Philosophen und Wissenschaftler, die antiken Texte zu studieren und neue Theorien über das Universum und die Möglichkeit außerirdischen Lebens zu entwickeln.

Giordano Bruno war einer dieser Denker, der im 16. Jahrhundert die Vorstellung vertrat, dass das Universum unendlich sei und viele bewohnte Welten enthalte. Bruno spekulierte, dass diese Welten von intelligenten Wesen bevölkert sein könnten, die möglicherweise die Fähigkeit haben, interstellare Reisen zu unternehmen. Obwohl Bruno für seine Ansichten verfolgt und schließlich hingerichtet wurde, blieben seine Ideen in den Köpfen vieler Menschen lebendig und beeinflussten spätere Generationen von Wissenschaftlern und Denkern.

Der Beginn der modernen Ära

Im 19. Jahrhundert begann die systematische Erforschung des Weltraums, und damit einhergehend wuchs das Interesse an der Möglichkeit außerirdischen Lebens. In dieser Zeit wurden viele populärwissenschaftliche Werke veröffentlicht, die die Idee außerirdischer Besucher und ihrer möglichen Interaktionen mit der Menschheit untersuchten.

Ein prominentes Beispiel aus dieser Zeit ist Camille Flammarion, ein französischer Astronom und Autor, der in seinen Schriften spekulierte, dass andere Planeten im Sonnensystem bewohnt sein könnten. In seinem Buch ›La Pluralité des Mondes Habités‹ (Die Vielzahl bewohnter Welten) argumentierte Flammarion, dass es durchaus möglich sei, dass andere Welten intelligentes Leben beherbergen, das in der Lage ist, die Erde zu besuchen. Flammarions Werke trugen dazu bei, das öffentliche Interesse an außerirdischem Leben zu wecken und legten den Grundstein für spätere spekulative Theorien.

Die Pioniere der Prä-Astronautik

Die moderne Prä-Astronautik-Theorie, wie wir sie heute kennen, nahm in der Mitte des 20. Jahrhunderts Gestalt an. Einer der ersten Pioniere auf diesem Gebiet war der Schweizer Schriftsteller Erich von Däniken. Mit der Veröffentlichung seines Buches ›Erinnerungen an die Zukunft‹ im Jahr 1968 brachte von Däniken die Idee außerirdischer Besucher in den Mainstream. In seinem Werk argumentierte er, dass viele antike Bauwerke und Artefakte, die auf der Erde gefunden wurden, nur durch den Einfluss fortschrittlicher außerirdischer Technologien erklärt werden könnten.

Von Däniken stützte seine Theorien auf eine Vielzahl von Beispielen, darunter die Pyramiden von Gizeh, die Nazca-Linien in Peru und die antiken Ruinen von Puma Punku in Bolivien. Er behauptete, dass diese Strukturen und Artefakte Beweise für den Besuch außerirdischer Wesen seien, die in der Vergangenheit als Götter verehrt wurden. Obwohl seine Theorien von der wissenschaftlichen Gemeinschaft weitgehend abgelehnt wurden, fanden sie ein großes Publikum und lösten eine breite Debatte aus.

Ein weiterer wichtiger Beitrag zur Prä-Astronautik kam von dem Amerikaner Zecharia Sitchin, der in seinen Büchern die sumerischen Schriften untersuchte und behauptete, dass die Anunnaki, eine Gruppe von Göttern in der sumerischen Mythologie, in Wirklichkeit außerirdische Besucher waren. Sitchin interpretierte die alten Texte so, dass diese Wesen von einem Planeten namens Nibiru stammen und in der Vergangenheit die menschliche Zivilisation beeinflusst haben. Seine Werke, wie ›Der zwölfte Planet‹, wurden ebenfalls populär und trugen zur Verbreitung der Prä-Astronautik-Theorie bei.

Die wissenschaftliche Reaktion

Die wissenschaftliche Gemeinschaft reagierte skeptisch auf die frühen Theorien der Prä-Astronautik. Wissenschaftler wiesen darauf hin, dass viele der von den Prä-Astronautik-Befürwortern zitierten Beweise auf Missverständnissen oder Fehlinterpretationen basierten. Archäologen und Historiker argumentierten, dass die Bauwerke und Artefakte, die von Däniken und anderen angeführt wurden, durch die Fähigkeiten und das Wissen der antiken Kulturen erklärt werden können, ohne dass außerirdische Einflüsse erforderlich sind.

Trotz dieser Skepsis hat die Prä-Astronautik-Theorie ihren Platz in der Popkultur und der öffentlichen Vorstellungskraft gefunden. Sie hat nicht nur Bücher und wissenschaftliche Diskussionen inspiriert, sondern auch Filme, Fernsehsendungen und andere Medien, die die Idee außerirdischer Besucher aufgreifen und weiter verbreiten.

Ein Blick nach vorne

Die Anfänge der Prä-Astronautik-Theorie zeigen, wie tief verwurzelt die Idee außerirdischer Besucher in der menschlichen Vorstellungskraft ist. Von den alten Mythen und Legenden über die spekulativen Schriften der Renaissance bis hin zu den populären Werken des 20. Jahrhunderts hat diese Vorstellung die Menschen fasziniert und inspiriert.

In den folgenden Kapiteln werden wir tiefer in die Beweise und Argumente eintauchen, die von den Befürwortern der Prä-Astronautik vorgebracht werden. Wir werden die wissenschaftlichen und kulturellen Implikationen dieser Theorien untersuchen und die Frage stellen, ob die Prä-Astronautik tatsächlich eine plausible Erklärung für die Rätsel der menschlichen Geschichte bieten kann. Dabei werden wir sowohl die Perspektiven der Befürworter als auch die kritischen Stimmen der Skeptiker berücksichtigen, um ein ausgewogenes und umfassendes Bild dieses faszinierenden Themas zu zeichnen.

Erich von Däniken und die Popularisierung der Theorie

Die Geschichte der Prä-Astronautik-Theorie ist untrennbar mit dem Namen Erich von Däniken verbunden. Dieser Schweizer Schriftsteller und Forscher hat wie kein anderer dazu beigetragen, die Vorstellung von außerirdischen Besuchern, die die menschliche Zivilisation in der Vergangenheit beeinflusst haben könnten, in das Bewusstsein der breiten Öffentlichkeit zu rücken. In diesem Kapitel werden wir den Einfluss von Dänikens Büchern und Theorien auf die Prä-Astronautik untersuchen und beleuchten, wie er es geschafft hat, eine so kontroverse Idee so populär zu machen.

Der Aufstieg von Erich von Däniken

Erich von Däniken wurde 1935 in Zofingen, Schweiz, geboren. Schon in jungen Jahren zeigte er ein reges Interesse an den Mysterien der Vergangenheit und der Möglichkeit außerirdischen Lebens. Dieses Interesse führte ihn dazu, die großen Fragen der Menschheit zu erforschen und die Verbindungen zwischen alten Kulturen und möglichen außerirdischen Besuchern zu suchen.

1968 veröffentlichte von Däniken sein erstes Buch, ›Erinnerungen an die Zukunft‹, das sofort zu einem internationalen

Bestseller wurde. In diesem Werk stellte er die provokante These auf, dass viele antike Bauwerke und Artefakte auf der ganzen Welt nur durch den Einfluss fortschrittlicher außerirdischer Technologien erklärt werden könnten. Diese Idee stieß auf ein enormes Interesse und eine ebenso große Kontroverse.

Die zentralen Thesen von ›Erinnerungen an die Zukunft‹

In ›Erinnerungen an die Zukunft‹ präsentierte von Däniken eine Vielzahl von Beispielen, die seine Theorie stützen sollten. Er argumentierte, dass bestimmte archäologische Funde und historische Texte auf außerirdische Einflüsse hinwiesen. Zu den bekanntesten Beispielen gehören die Pyramiden von Gizeh, die Nazca-Linien in Peru und die antiken Ruinen von Puma Punku in Bolivien.

Von Däniken behauptete, dass die Pyramiden von Gizeh aufgrund ihrer präzisen Bauweise und der enormen Größe nur mit Hilfe fortschrittlicher Technologien errichtet worden sein könnten, die den alten Ägyptern nicht zur Verfügung standen. Die Nazca-Linien, riesige Scharrbilder in der Wüste Perus, deutete er als Landebahnen für außerirdische Raumschiffe. Die Ruinen von Puma Punku, die aus riesigen Steinblöcken bestehen, die mit erstaunlicher Präzision geschnitten wurden, sah er ebenfalls als Beweis für außerirdische Technologie.

Die Reaktion der Wissenschaft

Die wissenschaftliche Gemeinschaft reagierte skeptisch auf von Dänikens Thesen. Archäologen und Historiker wiesen darauf hin, dass viele der von ihm angeführten Beweise auf Missverständnissen oder Fehlinterpretationen basierten. Sie argumentierten, dass die Bauwerke und Artefakte durch die Fähigkeiten und das Wissen der antiken Kulturen erklärt werden könnten, ohne dass außerirdische Einflüsse erforderlich seien. Dennoch konnte von Däniken durch die Popularität seiner Bücher und die mediale Aufmerksamkeit, die er erhielt, eine breite Öffentlichkeit erreichen.

Der anhaltende Einfluss von Dänikens Werk

Trotz der wissenschaftlichen Kritik blieb von Dänikens Werk ein kulturelles Phänomen. Seine Bücher verkauften sich weltweit in Millionenauflagen und wurden in zahlreiche Sprachen übersetzt. Er folgte ›Erinnerungen an die Zukunft‹ mit einer Reihe weiterer Bücher, die seine Theorien weiter ausbauten und neue Beweise präsentierten.

Eines seiner bekanntesten Werke ist ›Zurück zu den Sternen‹, in dem er weitere archäologische und historische Beispiele für seine Theorie untersucht. In diesem Buch befasste er sich auch mit alten Legenden und Mythen, die seiner Meinung nach Hinweise auf außerirdische Besuche enthalten. Diese Werke festigten von Dänikens Status als führender Vertreter der Prä-Astronautik-Theorie.

Prä-Astronautik in der Popkultur

Von Dänikens Einfluss erstreckte sich weit über die Literatur hinaus. Seine Theorien inspirierten zahlreiche Filme, Fernsehsendungen und Dokumentationen. Besonders bekannt ist die Fernsehserie ›Ancient Aliens‹, die seit 2009 ausgestrahlt wird und die Ideen der Prä-Astronautik einem breiten Publikum näherbringt. Die Serie greift viele von Dänikens Thesen auf und erweitert sie um neue Entdeckungen und Interpretationen.

Auch in der Filmindustrie hinterließ von Däniken Spuren. Filme wie ›Stargate‹ und ›Prometheus‹ greifen die Idee auf, dass außerirdische Wesen die Menschheit in der Vergangenheit besucht und beeinflusst haben. Diese Filme und Serien trugen dazu bei, die Prä-Astronautik-Theorie weiter zu popularisieren und in das kulturelle Gedächtnis einzubetten.

Kritische Auseinandersetzung und neue Perspektiven

Obwohl von Dänikens Theorien von vielen Wissenschaftlern abgelehnt werden, haben sie dennoch einen wichtigen Diskurs über die Interpretation archäologischer Funde und die Möglichkeit außerirdischen Lebens angestoßen. Einige Forscher argumentieren, dass von Dänikens Werk zumindest dazu beigetragen hat, das Interesse an der Archäologie und der Erforschung alter Kulturen zu wecken.

Es gibt auch Stimmen, die darauf hinweisen, dass die wissenschaftliche Gemeinschaft manchmal zu schnell dabei ist, unkonventionelle Theorien abzulehnen. Sie argumentieren, dass eine offene Diskussion über solche Ideen zu neuen Erkenntnissen führen könnte, auch wenn die ursprünglichen Theorien letztlich widerlegt werden.

Zusammenfassung:

Ein bleibendes Vermächtnis

Erich von Däniken hat mit seinen Büchern und Theorien einen bleibenden Eindruck hinterlassen. Er hat es geschafft, die Idee außerirdischer Besucher in der Vergangenheit der Menschheit in das öffentliche Bewusstsein zu rücken und eine breite Debatte darüber anzustoßen. Sein Werk hat nicht nur zur Popularisierung der Prä-Astronautik-Theorie beigetragen, sondern auch dazu, die Menschen dazu zu inspirieren, die großen Fragen über die Ursprünge der menschlichen Zivilisation und die Möglichkeit außerirdischen Lebens zu stellen.

In den folgenden Kapiteln werden wir tiefer in die verschiedenen Aspekte der Prä-Astronautik-Theorie eintauchen, die von Däniken und anderen Befürwortern aufgeworfen wurden. Wir werden die wissenschaftlichen und kulturellen Implikationen dieser Theorien untersuchen und die Frage stellen, welche Beweise und Argumente für oder gegen die Idee außerirdischer Besuche in der Vergangenheit sprechen. Dabei werden wir sowohl die Perspektiven der Befürworter als auch die kritischen Stimmen der Skeptiker berücksichtigen, um ein umfassendes Bild dieses faszinierenden und kontroversen Themas zu zeichnen.

Erich Anton Paul von Däniken (* 14. April 1935 in Zofingen) ist ein Schweizer
Buchautor, der die pseudowissenschaftliche Prä-Astronautik einem breiten
Lesepublikum bekannt gemacht hat.

Die Nazca-Linien: Rätsel in der Wüste

Mitten in der trockenen, kargen Wüste von Südperu erstreckt sich ein erstaunliches Netz aus Linien und Figuren, die als Nazca-Linien bekannt sind. Diese gigantischen Geoglyphen, die sich über eine Fläche von etwa 450 Quadratkilometern erstrecken, haben seit ihrer Entdeckung im frühen 20. Jahrhundert Archäologen, Wissenschaftler und Laien gleichermaßen fasziniert und verwirrt. In der Prä-Astronautik-Theorie spielen die Nazca-Linien eine zentrale Rolle, da sie angeblich als Beweis für außerirdische Besucher und ihre Interaktionen mit frühen menschlichen Kulturen dienen sollen. Doch was steckt wirklich hinter diesen mysteriösen Gebilden?

Ein Blick auf die Nazca-Linien

Die Nazca-Linien bestehen aus Hunderten von geraden Linien, geometrischen Formen und riesigen Darstellungen von Tieren und Pflanzen, die in den Wüstenboden geritzt wurden. Zu den bekanntesten Figuren gehören ein Kolibri, ein Affe, ein Fisch, eine Spinne und ein Astronauten-ähnliches Wesen. Diese Geoglyphen sind so groß, dass sie nur aus der Luft vollständig sichtbar sind, was zur Spekulation führte, dass sie entweder für Götter im Himmel oder für außerirdische Besucher geschaffen wurden.

Die Linien wurden vermutlich von der Nazca-Kultur zwischen 500 v. Chr. und 500 n. Chr. geschaffen. Diese Kultur war

bekannt für ihre beeindruckenden Fähigkeiten in der Keramik-
und Textilherstellung, doch ihr Wissen und ihre Techniken im
Bereich der Geoglyphen sind bis heute ein Rätsel.

Die Theorien der Prä-Astronautik

Erich von Däniken und andere Befürworter der Prä-
Astronautik-Theorie argumentieren, dass die Nazca-Linien als
Landebahnen für außerirdische Raumschiffe dienten oder zumindest als Botschaften für Besucher aus dem All gedacht waren. In seinem Buch ›Erinnerungen an die Zukunft‹ spekuliert
von Däniken, dass die Linien so angelegt wurden, dass sie nur
aus großer Höhe sichtbar sind, weil sie für diejenigen gedacht
waren, die aus dem Weltraum herabsehen.

Eine der faszinierendsten Figuren ist der sogenannte ›Astro-
naut‹, eine humanoide Gestalt mit einem großen Kopf und
einer Art Helm. Befürworter der Prä-Astronautik-Theorie sehen darin eine Darstellung eines außerirdischen Wesens, das
die Nazca-Leute möglicherweise als Gott verehrten oder mit
dem sie in Kontakt standen.

Archäologische Erklärungen

Die wissenschaftliche Gemeinschaft bietet jedoch alternative
Erklärungen für die Nazca-Linien. Viele Archäologen und Forscher glauben, dass die Geoglyphen religiöse oder rituelle Bedeutung hatten. Sie könnten Teil von Zeremonien gewesen
sein, die mit Wasser und Fruchtbarkeit zu tun hatten, da die

Region extrem trocken ist und die Menschen stark vom Wasser abhängig waren.

Eine Theorie besagt, dass die Linien als riesige Kalender oder astronomische Karten dienten, die dazu verwendet wurden, den Lauf der Sonne, des Mondes und der Sterne zu verfolgen. Diese Himmelskörper spielten in vielen antiken Kulturen eine zentrale Rolle in religiösen und landwirtschaftlichen Zyklen.

Ein weiteres Argument der Wissenschaftler ist, dass die Linien Teil von Prozessionswegen waren, die die Menschen zu bestimmten Zeiten des Jahres abgingen, um die Götter um Regen und Fruchtbarkeit zu bitten. Die großen Figuren könnten dabei als symbolische Darstellungen der Tiere und Pflanzen dienen, die für die Nazca-Kultur von Bedeutung waren.

Die Technik hinter den Linien

Eine der faszinierendsten Fragen ist, wie die Nazca-Leute diese enormen Geoglyphen ohne moderne Technologie geschaffen haben. Forscher haben gezeigt, dass es möglich ist, die Linien mit einfachen Werkzeugen und durch sorgfältige Planung zu erstellen. Indem sie den oberen dunklen Kieselsteinboden entfernten und die darunter liegende helle Erde freilegten, konnten die Nazca-Linien relativ einfach und schnell gezeichnet werden.

Um die Präzision und die geraden Linien zu gewährleisten, könnten die Nazca-Priester Pfähle in den Boden gerammt und sie mit Seilen verbunden haben, um die gewünschte Form abzustecken. Dieses Verfahren wurde in Experimenten erfolgreich nachgestellt, was zeigt, dass die Nazca-Linien durchaus mit den verfügbaren Mitteln der damaligen Zeit erstellt werden konnten.

Die Faszination der Nazca-Linien

Unabhängig von ihrer tatsächlichen Funktion und ihrem Ursprung bleibt die Faszination der Nazca-Linien ungebrochen. Sie sind ein beeindruckendes Zeugnis der Kreativität und des Einfallsreichtums einer antiken Kultur, die trotz begrenzter Ressourcen und harscher Umweltbedingungen erstaunliche Leistungen vollbrachte.

Die Linien ziehen weiterhin Touristen, Wissenschaftler und Forscher an, die von ihrem Geheimnis und ihrer Schönheit angezogen werden. Gleichzeitig dienen sie als ständige Erinnerung an die vielen ungelösten Rätsel unserer Vergangenheit und die Komplexität menschlicher Kultur und Geschichte.

Die Nazca-Linien im modernen Kontext

Heute stehen die Nazca-Linien nicht nur im Zentrum wissenschaftlicher Untersuchungen, sondern sind auch ein bedeutendes kulturelles Erbe Perus. Sie wurden 1994 von der UNESCO zum Weltkulturerbe erklärt und sind ein Symbol für das reiche kulturelle Erbe der Region.

In der Popkultur und in den Medien bleiben die Nazca-Linien ein beliebtes Thema für Dokumentationen, Bücher und Filme.

Sie inspirieren Künstler und Autoren und regen die Fantasie von Millionen Menschen weltweit an. Die Linien sind ein Beispiel dafür, wie alte Rätsel und moderne Spekulationen ineinandergreifen und die Grenzen zwischen Wissenschaft, Mythos und Spekulation verschwimmen lassen.

Fazit: Die Nazca-Linien als kulturelles und wissenschaftliches Phänomen

Die Nazca-Linien sind weit mehr als nur geheimnisvolle Zeichen in der Wüste. Sie repräsentieren die tiefe Verbundenheit einer antiken Kultur mit ihrer Umwelt und ihren Glaubenssystemen. Gleichzeitig sind sie ein faszinierendes Beispiel dafür, wie menschliche Kreativität und technische Fähigkeiten auch unter extremen Bedingungen Erstaunliches hervorbringen können.

Für die Prä-Astronautik-Theorie sind die Nazca-Linien ein zentrales Element, das immer wieder als Beweis für außerirdische Einflüsse herangezogen wird. Doch unabhängig von der Gültigkeit dieser Theorien bleibt das wahre Erbe der Nazca-Linien in ihrer Fähigkeit, uns zu inspirieren und zu faszinieren – und uns daran zu erinnern, wie viel es noch zu entdecken und zu verstehen gibt.

Die Pyramiden von Ägypten: Monumente der Götter?

Die majestätischen Pyramiden von Ägypten, insbesondere die Große Pyramide von Gizeh, zählen zu den bekanntesten und beeindruckendsten Bauwerken der Welt. Seit Jahrtausenden erheben sie sich aus dem Wüstensand und faszinieren Menschen aller Kulturen und Zeitalter. Ihre schiere Größe, Präzision und die scheinbar übermenschlichen Anstrengungen, die zu ihrem Bau nötig waren, haben zahlreiche Theorien über ihre Entstehung und ihren Zweck hervorgebracht. Eine der umstrittensten und zugleich faszinierendsten Theorien ist die Vorstellung, dass die Pyramiden unter dem Einfluss oder sogar mit Hilfe außerirdischer Wesen errichtet wurden. In diesem Kapitel werden wir die Pyramiden aus der Perspektive der Prä-Astronautik untersuchen und die Argumente und Beweise für diese Theorie analysieren.

Die Faszination der Pyramiden

Die Pyramiden von Ägypten sind nicht nur architektonische Meisterwerke, sondern auch kulturelle und religiöse Symbole. Sie wurden als Grabstätten für die Pharaonen erbaut, die als göttliche Herrscher betrachtet wurden. Die Pyramiden sollten den Pharaonen den Übergang ins Jenseits erleichtern und ihre Macht und Größe für die Ewigkeit bewahren. Doch die erstaunliche Präzision und die schiere Größe dieser Bauwerke werfen Fragen auf, die über die traditionellen archäologischen Erklärungen hinausgehen.

Die Große Pyramide von Gizeh, auch als Cheops-Pyramide bekannt, ist das prominenteste Beispiel. Mit einer ursprünglichen Höhe von 146,6 Metern und einer Grundfläche von 230,4 Metern pro Seite war sie das höchste Bauwerk der Welt für über 3.800 Jahre. Die Pyramide besteht aus etwa 2,3 Millionen Kalksteinblöcken, die jeweils zwischen 2,5 und 15 Tonnen wiegen. Die Perfektion in der Ausrichtung und der Genauigkeit der Bauweise hat zu Spekulationen geführt, dass solche Fähigkeiten die technologischen Möglichkeiten der damaligen Zeit überstiegen.

Präzision und Technologie

Befürworter der Prä-Astronautik-Theorie argumentieren, dass der Bau der Pyramiden technologische Fähigkeiten erforderte, die weit über das hinausgingen, was die alten Ägypter zur Verfügung hatten. Sie weisen auf die perfekte Ausrichtung der Pyramiden nach den vier Himmelsrichtungen hin, die exakte Geometrie und die komplexe interne Struktur mit Schächten und Kammern, die präzise in den Fels gehauen wurden.

Eine der faszinierendsten Eigenschaften der Großen Pyramide ist ihre Ausrichtung. Die Pyramide ist bis auf wenige Bogensekunden genau nach Norden ausgerichtet, eine Präzision, die selbst mit modernen Mitteln schwer zu erreichen ist. Diese Genauigkeit lässt viele vermuten, dass die alten Ägypter über fortgeschrittene astronomische Kenntnisse und Technologien verfügten, die ihnen halfen, diese perfekte Ausrichtung zu erreichen. Einige Forscher der Prä-Astronautik spekulieren, dass diese Kenntnisse und Technologien von außerirdischen Besuchern vermittelt wurden, die die Pyramiden als monumentale Landmarken oder als Energiezentren nutzten.

Bau der Pyramiden:

Menschliche Errungenschaft oder außerirdische Hilfe?

Die konventionelle archäologische Theorie besagt, dass die Pyramiden durch die Anstrengungen Tausender Arbeiter und mithilfe einfacher Werkzeuge und Techniken errichtet wurden. Es wird angenommen, dass Rampen, Hebel und Schlitten verwendet wurden, um die schweren Steine zu transportieren und zu positionieren. Dennoch gibt es viele ungelöste Fragen und Rätsel rund um den Bauprozess, die Raum für alternative Theorien lassen.

Eine oft diskutierte Frage ist, wie die alten Ägypter die enormen Steinblöcke so präzise schneiden und transportieren konnten. Befürworter der Prä-Astronautik-Theorie argumentieren, dass die Werkzeuge und Methoden, die den alten Ägyptern zur Verfügung standen, nicht ausreichten, um diese Aufgaben zu bewältigen. Sie vermuten, dass außerirdische Besucher fortschrittliche Technologien und Wissen bereitstellten, die den Bau der Pyramiden ermöglichten. Einige glauben sogar, dass die Pyramiden als Energiequellen oder Kommunikationszentren für außerirdische Zivilisationen dienten.

Symbolik und religiöse Bedeutung

Neben den technologischen Aspekten spielen auch die symbolische und religiöse Bedeutung der Pyramiden eine Rolle in der Prä-Astronautik-Theorie. Die Pyramiden wurden als Orte der Auferstehung und Transformation betrachtet, wo die Seelen der Pharaonen in den Himmel aufsteigen konnten, um sich den Göttern anzuschließen. Diese Vorstellung von einem direkten Aufstieg in den Himmel hat zu Spekulationen geführt, dass die Pyramiden als Portale oder Transportmittel für außerirdische Besucher dienten.

Ein weiteres Element, das in der Prä-Astronautik-Theorie eine Rolle spielt, ist die Ähnlichkeit der Pyramidenformen und -konstruktionen in verschiedenen Kulturen weltweit. Von den Pyramiden in Mesoamerika bis zu den Stufenpyramiden in Mesopotamien gibt es bemerkenswerte Parallelen in der Architektur und Symbolik. Befürworter der Prä-Astronautik-Theorie sehen darin Hinweise auf einen gemeinsamen Ursprung oder Einfluss, der von einer fortgeschrittenen außerirdischen Zivilisation ausgegangen sein könnte.

Wissenschaftliche Perspektiven

Die wissenschaftliche Gemeinschaft steht der Prä-Astronautik-Theorie überwiegend skeptisch gegenüber. Archäologen und Historiker betonen, dass die Pyramiden das Ergebnis menschlicher Ingenieurskunst und Organisation sind. Zahlreiche archäologische Funde und Untersuchungen haben gezeigt, dass die alten Ägypter über erstaunliche Fähigkeiten und Kenntnisse verfügten, die es ihnen ermöglichten, solche monumentalen Bauwerke zu errichten. Forschungen haben auch ergeben, dass die Ägypter über fortgeschrittene Werkzeuge und Techniken zur Steinbearbeitung und zum Transport verfügten, die den Bau der Pyramiden erklärbar machen.

Zudem haben Studien gezeigt, dass die alten Ägypter umfangreiche astronomische Kenntnisse besaßen und in der Lage waren, komplexe Bauwerke zu planen und auszurichten. Diese Erkenntnisse mindern die Notwendigkeit außerirdischer Interventionen und unterstreichen die menschliche Fähigkeit zur Innovation und zum technischen Fortschritt.

Zusammenfassung:

Ein Rätsel der Vergangenheit

Die Pyramiden von Ägypten bleiben ein faszinierendes Rätsel, das Wissenschaftler und Laien gleichermaßen beschäftigt. Die Theorie, dass außerirdische Besucher am Bau beteiligt waren, ist zwar umstritten, aber sie regt die Fantasie an und führt zu neuen Fragen über die Fähigkeiten und das Wissen der alten Zivilisationen. Unabhängig davon, ob man an außerirdische Einflüsse glaubt oder nicht, bleibt die Tatsache bestehen, dass die Pyramiden ein beeindruckendes Zeugnis menschlicher Errungenschaften sind.

Für die Prä-Astronautik-Theorie sind die Pyramiden ein zentrales Element, das immer wieder als Beweis für außerirdische

Besuche angeführt wird. Doch die wissenschaftlichen Erklärungen, die menschlichen Einfallsreichtum und technisches Können betonen, bieten ebenso überzeugende Antworten.

Letztlich bleibt die Faszination der Pyramiden bestehen, und sie fordern uns weiterhin heraus, die Geheimnisse unserer Vergangenheit zu erforschen und zu verstehen.

Alte Bauwerke und Technologien

Die Pyramiden von Ägypten sind nicht die einzigen Bauwerke, die in der Diskussion um Prä-Astronautik eine Rolle spielen. Weltweit existieren zahlreiche archäologische Stätten und Technologien, die Befürworter der Prä-Astronautik-Theorie als Beweise für außerirdische Einflüsse anführen. Diese Orte und Artefakte faszinieren durch ihre Komplexität, Präzision und die schiere Herausforderung, die ihr Bau oder ihre Entwicklung für die damaligen menschlichen Fähigkeiten dargestellt haben muss. In diesem Kapitel werden wir einige der bemerkenswertesten Beispiele untersuchen und die Argumente und Hypothesen beleuchten, die sie in den Kontext der Prä-Astronautik stellen.

Stonehenge:

Ein prähistorisches Rätsel

Stonehenge, das berühmte Steinkreis-Monument auf der Salisbury-Ebene in England, ist eines der rätselhaftesten prähistorischen Bauwerke der Welt. Die massiven, bis zu 25 Tonnen schweren Sarsensteine und die kleineren Blausteine wurden vor etwa 4.500 Jahren errichtet. Trotz intensiver Forschungen bleibt die genaue Funktion und Bedeutung von Stonehenge ein Mysterium. Einige Hypothesen deuten darauf hin, dass es als astronomisches Observatorium, religiöse Stätte oder Heiligtum diente.

Prä-Astronautik-Anhänger argumentieren, dass der Bau von Stonehenge mit seiner präzisen astronomischen Ausrichtung und der komplexen Planung ohne fortschrittliche Technologien schwer zu erklären ist. Sie vermuten, dass außerirdische Besucher den Bau geleitet oder das Wissen vermittelt haben könnten, das nötig war, um diese monumentale Struktur zu errichten. Diese Theorie stützt sich auf die Tatsache, dass die Steine aus bis zu 240 Kilometern Entfernung transportiert wurden, eine Leistung, die angesichts der damaligen technischen Möglichkeiten erstaunlich erscheint.

Die Nasca-Linien:

Geoglyphen im Sand

In der peruanischen Wüste erstrecken sich die Nasca-Linien, riesige Geoglyphen, die nur aus der Luft vollständig sichtbar sind. Diese Linien, die Tiere, Menschen und geometrische Formen darstellen, wurden zwischen 500 v. Chr. und 500 n. Chr. von der Nasca-Kultur geschaffen. Ihre Größe und Präzision haben Spekulationen darüber ausgelöst, dass sie von außerirdischen Besuchern als Landebahnen oder Kommunikationszeichen genutzt wurden.

Befürworter der Prä-Astronautik-Theorie weisen darauf hin, dass die Nasca-Linien ein Verständnis von Maßstab und Perspektive erfordern, das den Menschen der Nasca-Kultur ohne fremde Hilfe schwer zugänglich gewesen sein dürfte. Sie argumentieren, dass diese Linien als Hinweise auf außerirdische

Einflüsse interpretiert werden können, die den Nasca das Wissen und die Technologie vermittelten, um solche präzisen und großflächigen Geoglyphen zu schaffen.

Puma Punku:

Hochpräzise Steinmetzkunst

Puma Punku, eine archäologische Stätte in Bolivien, ist für seine außergewöhnlich präzisen Steinmetzarbeiten bekannt. Die riesigen, perfekt geschnittenen und gefrästen Steine, die ohne Mörtel passgenau zusammengefügt sind, gehören zu den beeindruckendsten Beispielen antiker Steinbearbeitung. Die Anlage, die Teil des größeren Tiwanaku-Komplexes ist, wurde vermutlich um 536 n. Chr. erbaut.

Anhänger der Prä-Astronautik-Theorie führen die Präzision und die schiere Größe der Steine als Beweise dafür an, dass die Menschen von Puma Punku Zugang zu fortschrittlicher Technologie hatten, die weit über ihre bekannten Fähigkeiten hinausging. Sie spekulieren, dass außerirdische Besucher den Bau überwachten oder den Bewohnern von Tiwanaku das Wissen und die Werkzeuge zur Verfügung stellten, um diese beeindruckenden Strukturen zu errichten.

Die Antikythera-Maschine:

Ein antikes Computer

Ein weiteres faszinierendes Artefakt, das oft in die Diskussion um außerirdische Einflüsse einbezogen wird, ist die Antikythera-Maschine, ein antiker griechischer Mechanismus, der um 100 v. Chr. datiert wird. Dieses komplexe Gerät, das aus Zahnrädern und drehbaren Scheiben besteht, wurde auf einem Schiffswrack nahe der griechischen Insel Antikythera gefunden. Es wird als der erste bekannte analoge Computer betrachtet, der zur Berechnung astronomischer Positionen verwendet wurde.

Die Präzision und Komplexität der Antikythera-Maschine haben Spekulationen ausgelöst, dass ihre Konstruktion auf Wissen beruhte, das von einer fortschrittlichen, möglicherweise außerirdischen Zivilisation vermittelt wurde. Die Theorie besagt, dass solch ausgeklügelte Technologie, die im antiken Griechenland nicht weiter verbreitet war, auf einen überlegenen Einfluss hindeutet.

Baalbek:

Tempel der Giganten

Der Tempelkomplex von Baalbek im Libanon ist bekannt für seine gigantischen Steinblöcke, von denen einige über 800 Tonnen wiegen. Der Tempel, der den Göttern Jupiter, Bacchus und Venus gewidmet ist, stammt aus der römischen Zeit, doch die enormen Fundamente, die Trilithon genannt werden, könnten älter sein.

Prä-Astronautik-Anhänger argumentieren, dass der Transport und die Platzierung dieser riesigen Steine ohne moderne Maschinen praktisch unmöglich gewesen wäre. Sie vermuten, dass außerirdische Besucher entweder die Bauarbeiten selbst durchgeführt oder den Menschen das notwendige Wissen und die Technologie vermittelt haben könnten, um diese monumentalen Blöcke zu bewegen und zu positionieren.

Göbekli Tepe:

Die älteste Tempelanlage der Welt

Göbekli Tepe in der Türkei gilt als die älteste bekannte Tempelanlage der Welt und wird auf etwa 9600 v. Chr. datiert. Die monumentalen Steinkreise und die fein gearbeiteten Reliefs stellen einen bedeutenden kulturellen und technologischen Fortschritt dar, der das Verständnis der menschlichen Zivilisation in der Jungsteinzeit revolutioniert hat.

Die Präzision und das künstlerische Niveau der Skulpturen und Stelen von Göbekli Tepe haben einige Forscher dazu veranlasst, die Möglichkeit außerirdischer Einflüsse in Betracht zu ziehen. Sie argumentieren, dass die Komplexität der Anlage und die fortschrittlichen Techniken, die zu ihrer Errichtung verwendet wurden, auf Wissen hindeuten, das von einer fortschrittlichen außerirdischen Zivilisation vermittelt worden sein könnte.

Das Licht von Dendera:

Eine antike Glühbirne?

In den Tempelanlagen von Dendera in Ägypten gibt es Reliefs, die scheinbar elektrische Glühbirnen darstellen. Diese Darstellungen, die als ›Dendera-Licht‹ bekannt sind, haben zu Spekulationen geführt, dass die alten Ägypter Zugang zu fortschrittlicher Technologie hatten, die von außerirdischen Besuchern bereitgestellt wurde.

Befürworter der Prä-Astronautik-Theorie argumentieren, dass diese Reliefs Beweise für den Einsatz von Elektrizität im alten Ägypten sein könnten. Sie vermuten, dass außerirdische Besucher den Ägyptern das Wissen und die Technologie vermittelten, um elektrische Beleuchtung zu nutzen, lange bevor solche Technologien offiziell erfunden wurden.

Zusammenfassung:

Menschlicher Einfallsreichtum oder außerirdische Einflüsse?

Die Untersuchung dieser alten Bauwerke und Technologien wirft faszinierende Fragen auf. Einerseits demonstrieren sie den menschlichen Einfallsreichtum und die Fähigkeit, monumentale Herausforderungen zu meistern. Andererseits eröffnen sie die Möglichkeit, dass Wissen und Technologien von außerirdischen Besuchern vermittelt worden sein könnten.

Während die wissenschaftliche Gemeinschaft überwiegend die Erklärung bevorzugt, dass diese Bauwerke und Technologien durch menschliche Anstrengungen und Innovationen entstanden sind, bleibt die Theorie der Prä-Astronautik ein faszinierendes Gedankenspiel. Es regt dazu an, die Grenzen unseres Wissens zu hinterfragen und die Möglichkeit zu erwägen, dass wir nicht allein im Universum sind.

Letztlich bleibt es dem Leser überlassen, welche Erklärung er für überzeugender hält. In jedem Fall bieten diese archäologischen Stätten und Technologien einen tiefen Einblick in die Geschichte und das Potenzial der menschlichen Zivilisation und regen zu weiteren Forschungen und Diskussionen an.

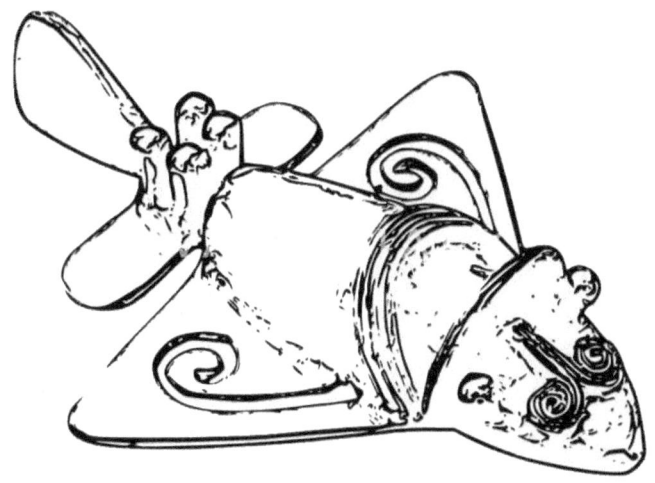

Die Dogon und das Sirius-Rätsel

Die Dogon, ein Volk aus Mali in Westafrika, sind bekannt für ihre faszinierende Kultur, ihre komplexen religiösen Praktiken und ihre außergewöhnliche Kunst. Doch es ist ihr angebliches Wissen über das Sirius-Sternensystem, das sie in das Zentrum der Prä-Astronautik-Theorien gerückt hat. Die Geschichte, dass die Dogon detaillierte Kenntnisse über Sirius besitzen, hat zahlreiche Diskussionen und Kontroversen ausgelöst. In diesem Kapitel werden wir die Verbindung zwischen den Dogon und dem Sirius-Rätsel untersuchen, um die Ursprünge und Implikationen dieser faszinierenden Geschichte zu beleuchten.

Die Dogon:

Hüter eines alten Wissens?

Die Dogon leben in der abgelegenen Region der Bandiagara-Klippen in Mali und haben sich über Jahrhunderte hinweg ihre traditionellen Bräuche und ihr Wissen bewahrt. Ihre Mythologie und ihre religiösen Riten sind tief in ihrem täglichen Leben verwurzelt und werden von Generation zu Generation weitergegeben. Eine der zentralen Figuren in ihrer Mythologie ist der Nommo, ein amphibisches Wesen, das vom Himmel herabstieg, um den Dogon Wissen zu vermitteln.

Diese Legende erregte erstmals in den 1930er Jahren die Aufmerksamkeit westlicher Forscher, insbesondere der französischen Ethnologen Marcel Griaule und Germaine Dieterlen. Während ihrer Feldforschung unter den Dogon erfuhren Griaule und Dieterlen von einem komplexen kosmologischen System, das erstaunlich genaue Informationen über das Sirius-Sternensystem zu enthalten schien. Die Dogon erzählten den Forschern von Sirius A, dem hellsten Stern im Sternbild Großer Hund, und von seinem Begleitstern Sirius B, einem weißen Zwerg, der mit bloßem Auge unsichtbar ist und erst 1862 von Astronomen entdeckt wurde.

Das Wissen der Dogon über Sirius

Die Dogon behaupteten, dass Sirius B eine extrem dichte und schwere Masse habe, die alle 50 Jahre eine Umlaufbahn um Sirius A beschreibt. Diese Angaben stimmten erstaunlich genau mit den astronomischen Erkenntnissen der westlichen Wissenschaft überein. Darüber hinaus erwähnten die Dogon angeblich auch die Existenz eines dritten Sterns in diesem System, Sirius C, dessen Existenz jedoch umstritten ist und bisher nicht zweifelsfrei nachgewiesen wurde.

Die Präzision dieses Wissens ließ viele staunen und führte zu der spekulativen Annahme, dass die Dogon dieses Wissen nicht ohne fremde Hilfe erlangt haben könnten. Einige Forscher und Anhänger der Prä-Astronautik-Theorie vermuteten, dass die Dogon von außerirdischen Besuchern aus dem Sirius-System belehrt worden waren, die vor Tausenden von Jahren auf die Erde gekommen sein könnten, um ihr Wissen zu teilen.

Marcel Griaule und die Dogon-Kosmologie

Marcel Griaule und Germaine Dieterlen veröffentlichten ihre Erkenntnisse über die Dogon-Kosmologie in dem Buch ›Le Renard Pâle‹ (Der bleiche Fuchs), das 1965 erschien. Ihre Arbeit legte den Grundstein für die spätere Popularisierung der Idee, dass die Dogon über ein altes, von Außerirdischen vermitteltes Wissen verfügen könnten. Griaule und Dieterlen betonten, dass die Dogon ihre kosmologischen Kenntnisse in Form von mündlichen Überlieferungen, Symbolen und Riten bewahrt haben.

Griaules und Dieterlens Forschungsergebnisse wurden jedoch von einigen Kritikern infrage gestellt. Einige argumentierten, dass die Forscher möglicherweise unbewusst ihre eigenen Kenntnisse über das Sirius-System in die Gespräche mit den Dogon eingebracht und so die Antworten der Dogon beeinflusst haben könnten. Andere vermuteten, dass die Dogon ihr Wissen durch Kontakt mit westlichen Wissenschaftlern oder durch Missionare erlangt haben könnten, bevor Griaule und Dieterlen ihre Feldforschung begannen.

Die Prä-Astronautik-Theorie und das Sirius-Rätsel

Die Geschichte der Dogon und ihres Wissens über das Sirius-System fand in den 1970er Jahren breitere Bekanntheit durch Bücher wie Robert K.G. Temple's ›The Sirius Mystery‹ (Das Sirius-Rätsel). Temple spekulierte, dass die Dogon ihre kosmologischen Kenntnisse von einer außerirdischen Zivilisation erhalten haben könnten, die von Sirius stammte. Diese Theorie passte gut in das Narrativ der Prä-Astronautik, das behauptet, dass außerirdische Besucher in der Vergangenheit die menschliche Zivilisation beeinflusst haben.

Temple's Buch erregte großes Interesse und führte zu zahlreichen Diskussionen und Debatten. Befürworter der Prä-Astronautik-Theorie sahen in den Dogon ein starkes Argument für ihre Hypothesen, während Skeptiker die wissenschaftliche Grundlage und die Methodik von Temple und seinen Vorgängern kritisch hinterfragten. Die Diskussionen drehten sich oft um die Frage, ob die Dogon tatsächlich unabhängig von modernen astronomischen Erkenntnissen ein solches Wissen haben konnten, und wenn ja, wie sie es erlangt haben könnten.

Kritische Perspektiven und wissenschaftliche Erklärungen

Die skeptische Sichtweise auf das Dogon-Sirius-Rätsel betont die Möglichkeit, dass das Wissen der Dogon entweder durch zufällige Übereinstimmung oder durch den Einfluss von außen entstanden sein könnte. Einige Anthropologen und Ethnologen haben darauf hingewiesen, dass die Dogon-Kosmologie in ihrer Gesamtheit viele Elemente enthält, die nicht mit wissenschaftlichen Erkenntnissen übereinstimmen, was die spezifischen Details über Sirius in ein anderes Licht rückt.

Ein weiteres Argument der Skeptiker ist, dass die Dogon ihre detaillierten kosmologischen Kenntnisse durch Interaktion mit westlichen Wissenschaftlern oder Missionaren erworben haben könnten, die bereits über das Sirius-System Bescheid wussten. Diese Erklärungen versuchen, die Diskrepanz zwischen den fortschrittlichen astronomischen Kenntnissen der Dogon und dem sonst eher mythologisch geprägten Weltbild der Dogon zu überbrücken.

Zusammenfassung:

Mysterium oder Missverständnis?

Die Verbindung zwischen den Dogon und dem Sirius-Rätsel bleibt eines der faszinierendsten und umstrittensten Themen der Prä-Astronautik-Diskussion. Obwohl die genaue Herkunft des Wissens der Dogon über das Sirius-System ungeklärt bleibt, hat die Geschichte zweifellos die Fantasie vieler Menschen angeregt und dazu beigetragen, das Interesse an der Prä-Astronautik zu wecken.

Obwohl die wissenschaftliche Gemeinschaft größtenteils skeptisch bleibt und natürliche oder kulturelle Erklärungen bevorzugt, bleibt die Idee, dass die Dogon von außerirdischen Besuchern beeinflusst worden sein könnten, eine verlockende Möglichkeit. Sie erinnert uns daran, wie wenig wir möglicherweise über die Vergangenheit unserer eigenen Zivilisation und über die potenziellen Verbindungen zu anderen intelligenten Wesen im Universum wissen.

Die Geschichte der Dogon und ihrer angeblichen Kenntnisse über Sirius zeigt, wie tief verwurzelt die Faszination für das Unbekannte und das Außergewöhnliche in der menschlichen Natur ist. Sie fordert uns auf, weiterhin neugierig zu bleiben, Fragen zu stellen und das Geheimnisvolle mit offenem Geist und kritischem Denken zu erkunden.

Moderne UFO-Sichtungen und Begegnungen

Seit den frühen Tagen der Menschheit gibt es Berichte über seltsame Lichter am Himmel und mysteriöse Begegnungen mit unbekannten Wesen. Doch besonders im 20. und 21. Jahrhundert haben Berichte über unidentifizierte fliegende Objekte (UFOs) und Begegnungen mit Außerirdischen weltweit an Aufmerksamkeit gewonnen. In diesem Kapitel werden wir einen Überblick über einige der bemerkenswertesten UFO-Sichtungen und Berichte über Begegnungen mit außerirdischen Wesen geben und dabei die Bedeutung dieser Phänomene für die Prä-Astronautik-Theorie erörtern.

Die Anfänge der modernen UFO-Ära

Die moderne Ära der UFO-Sichtungen begann am 24. Juni 1947, als der amerikanische Geschäftsmann und Pilot Kenneth Arnold über den Cascade Mountains im US-Bundesstaat Washington flog. Arnold berichtete von neun ungewöhnlichen Objekten, die sich in einer V-Formation mit unglaublicher Geschwindigkeit bewegten. Er beschrieb sie als ›fliegende Untertassen‹ oder ›flache Scheiben‹, was den Begriff ›Flying Saucer‹ in die populäre Kultur einführte. Arnold's Sichtung wurde weithin bekannt und führte zu einem sprunghaften Anstieg ähnlicher Berichte.

Der Roswell-Zwischenfall

Ein weiterer Meilenstein in der Geschichte der UFO-Sichtungen ist der berühmte Roswell-Zwischenfall von 1947. Im Juli desselben Jahres berichtete die US-Armee, sie habe ein abgestürztes ›fliegendes Untertassen‹-Wrack in der Nähe von Roswell, New Mexico, geborgen. Die offizielle Erklärung wurde später geändert, um einen Wetterballon als Ursache zu benennen, was viele skeptisch machte und eine Vielzahl von Verschwörungstheorien auslöste. Bis heute bleibt der Roswell-Zwischenfall ein zentraler Punkt in der UFO-Forschung und wird oft als Beweis für eine außerirdische Präsenz auf der Erde herangezogen.

Entführungen durch Außerirdische

Neben den zahlreichen UFO-Sichtungen gibt es auch zahlreiche Berichte über Begegnungen mit Außerirdischen, von denen einige besonders beunruhigend und faszinierend sind. Einer der bekanntesten Fälle ist der von Betty und Barney Hill, einem Ehepaar aus New Hampshire, das 1961 behauptete, von Außerirdischen entführt worden zu sein. Unter Hypnose beschrieben sie detaillierte medizinische Untersuchungen, die von fremden Wesen durchgeführt wurden. Ihre Geschichte wurde durch das Buch ›Interrupted Journey‹ und die spätere Verfilmung ›The UFO Incident‹ weithin bekannt.

Diese und andere Entführungsgeschichten haben einen tiefen Eindruck in der öffentlichen Vorstellungskraft hinterlassen und zu einer Vielzahl von wissenschaftlichen und pseudowissenschaftlichen Untersuchungen geführt. Berichte von Entführten beinhalten oft ähnliche Elemente: das Erscheinen von Licht, das Gefühl des Schwebens, seltsame medizinische Prozeduren und die Kommunikation mit außerirdischen Wesen durch Telepathie.

UFO-Sichtungen weltweit

UFO-Sichtungen sind kein rein amerikanisches Phänomen, sondern wurden weltweit dokumentiert. In den 1950er und 1960er Jahren gab es eine Reihe bemerkenswerter Sichtungen in Großbritannien, wie den Vorfall in Rendlesham Forest 1980, bei dem Militärpersonal Lichter und Landespuren eines unbekannten Flugobjekts entdeckte. In Belgien wurde 1989 und 1990 eine Welle von dreieckigen UFO-Sichtungen dokumentiert, die von Militärjets verfolgt, aber nie identifiziert wurden.

In Südamerika sind Berichte über UFO-Sichtungen ebenfalls weit verbreitet. In Brasilien gab es zahlreiche Vorfälle, darunter der berühmte Fall von Varginha 1996, bei dem mehrere Menschen behaupteten, ein abgestürztes UFO und seine außerirdischen Insassen gesehen zu haben. In Mexiko führte der sogenannte ›Campeche-Zwischenfall‹ 2004 zur Sichtung mehrerer unbekannter Objekte durch eine Militärpatrouille.

Offizielle Untersuchungen und Enthüllungen

Regierungen weltweit haben die Berichte über UFOs ernst genommen und mehrere offizielle Untersuchungen durchgeführt. In den USA war das Project Blue Book (1952-1969) eine der bekanntesten Untersuchungen, bei der Tausende von UFO-Sichtungen untersucht wurden. Obwohl viele Fälle als natürliche Phänomene oder menschliche Aktivitäten erklärt wurden, blieben einige unerklärlich.

In jüngerer Zeit hat die Veröffentlichung von ehemals geheimen Regierungsdokumenten und Videomaterial durch das Pentagon neues Interesse geweckt. Die Videos, die als ›Gimbal‹, ›GoFast‹ und ›FLIR1‹ bekannt sind, zeigen ungewöhnliche Flugmanöver und wurden von Militärpiloten aufgenommen. Diese Enthüllungen haben zu erneuten Diskussionen über die Möglichkeit außerirdischer Besuche und die Notwendigkeit weiterer Forschung geführt.

Wissenschaftliche Erklärungsversuche

Während viele UFO-Berichte faszinierend und überzeugend erscheinen, bemühen sich Wissenschaftler um rationale Erklärungen. Natürliche Phänomene wie Wetterballons, atmosphärische Störungen und optische Täuschungen können viele Sichtungen erklären. Der Astronom J. Allen Hynek, der lange Zeit für Project Blue Book gearbeitet hat, entwickelte das Klassifikationssystem der Nahbegegnungen (Close Encounters), das die verschiedenen Arten von UFO-Begegnungen kategorisiert.

Auch psychologische Faktoren spielen eine Rolle. Der Glaube an UFOs und außerirdische Entführungen kann durch kulturelle Einflüsse und persönliche Erfahrungen verstärkt werden. Der Psychologe Carl Sagan und andere haben argumentiert, dass der Wunsch nach etwas Größerem und die Faszination für das Unbekannte tief in der menschlichen Psyche verwurzelt sind und zu solchen Berichten führen können.

Zusammenfassung:

Die Bedeutung der UFO-Phänomene

Die moderne UFO-Forschung bleibt ein spannendes und kontroverses Feld. Ob es sich um außerirdische Besucher, geheime Militärtechnologie oder Missverständnisse und Täuschungen handelt, die Faszination für das UFO-Phänomen ist ungebrochen. Für die Prä-Astronautik-Theorie bieten UFO-Sichtungen und Berichte über außerirdische Begegnungen eine moderne Parallele zu den antiken Legenden und Mythen, die über die Jahrtausende hinweg erzählt wurden.

Indem wir die Geschichten und Berichte über UFOs und außerirdische Begegnungen untersuchen, können wir einen tieferen Einblick in die menschliche Kultur und Psyche gewinnen. Gleichzeitig bleibt die Frage offen, ob wir wirklich allein im Universum sind oder ob wir tatsächlich Besuche von anderen Welten erlebt haben – eine Frage, die sicherlich weiterhin die Fantasie und das wissenschaftliche Interesse anregen wird.

Wissenschaftliche Perspektiven und Skepsis

Die Prä-Astronautik-Theorie, die postuliert, dass außerirdische Besucher in der Vergangenheit die menschliche Zivilisation beeinflusst haben könnten, hat seit ihrer Entstehung sowohl Faszination als auch erhebliche Skepsis hervorgerufen. Die wissenschaftliche Gemeinschaft, die sich auf überprüfbare und reproduzierbare Beweise stützt, hat auf diese Theorie mit einer Mischung aus Neugier und kritischem Misstrauen reagiert. In diesem Kapitel untersuchen wir die wissenschaftlichen Perspektiven auf die Prä-Astronautik und die Argumente, die von Wissenschaftlern vorgebracht wurden, um die Theorie zu hinterfragen.

Wissenschaftliche Methodik und die Prä-Astronautik

Die wissenschaftliche Methode basiert auf Beobachtung, Hypothesenbildung, Experimenten und der Reproduzierbarkeit von Ergebnissen. Ein zentrales Merkmal dieser Methode ist die Falsifizierbarkeit – die Möglichkeit, eine Hypothese zu widerlegen. Die Prä-Astronautik-Theorie stellt sich in diesem Kontext vor eine besondere Herausforderung, da sie oft auf Interpretationen alter Texte und archäologischer Funde beruht, die schwer zu überprüfen oder zu wiederholen sind.

Wissenschaftler betonen die Bedeutung von empirischen Beweisen und warnen vor dem Risiko, Korrelationen mit Kausalitäten zu verwechseln. Viele der Argumente der Prä-Astronautik stützen sich auf spekulative Verbindungen zwischen alten Artefakten und modernen Technologien, ohne dass eine direkte Beweisführung möglich ist.

Archäologische und historische Einwände

Archäologen und Historiker haben die Behauptungen der Prä-Astronautik-Theoretiker gründlich untersucht und oft zurückgewiesen. Ein häufiges Argument ist, dass die Theorie die Fähigkeiten und Errungenschaften antiker Kulturen unterschätzt. Monumentale Bauwerke wie die Pyramiden von Gizeh, die Nazca-Linien oder die Megalithen von Stonehenge werden als Beweise für außerirdische Einflüsse angeführt. Doch archäologische Forschungen haben gezeigt, dass diese Strukturen mit den damaligen Technologien und menschlichem Einfallsreichtum erklärbar sind.

Zum Beispiel wurden die Pyramiden von Gizeh durch jahrzehntelange Studien und Ausgrabungen umfassend dokumentiert. Archäologen haben Hinweise auf die Methoden und Werkzeuge gefunden, die von den alten Ägyptern verwendet wurden, um diese beeindruckenden Bauwerke zu errichten. Ebenso sind die Nazca-Linien als Ergebnisse menschlicher Planung und Mathematik verstanden worden, die ohne übernatürliche Einflüsse erklärbar sind.

Die Rolle der Astronomie

Die Prä-Astronautik-Theorie impliziert oft ein fortgeschrittenes astronomisches Wissen der antiken Kulturen, das angeblich nur durch außerirdische Besucher erklärt werden kann. Doch Astronomen und Wissenschaftshistoriker haben gezeigt, dass viele dieser Kenntnisse durch sorgfältige Beobachtung und langfristige Aufzeichnung von Himmelsereignissen erlangt werden konnten. Kulturen wie die Maya, die Ägypter und die Griechen entwickelten hochpräzise Kalender und astronomische Werkzeuge, die ihre Fähigkeiten und ihr Verständnis des Himmels dokumentieren.

Die wissenschaftliche Gemeinschaft argumentiert, dass das Wissen über astronomische Phänomene und deren Integration in kulturelle Praktiken ein Beweis für die Intelligenz und die Beobachtungsgabe dieser Kulturen ist, nicht für außerirdische Interventionen.

Psychologische und soziologische Perspektiven

Psychologen und Soziologen bieten zusätzliche Erklärungen für die Popularität der Prä-Astronautik-Theorie. Ein Aspekt ist der sogenannte ›Aberglaube des Lochfraßes‹, bei dem Menschen dazu neigen, unerklärliche Ereignisse mit übernatürlichen oder außerirdischen Ursachen zu verbinden. Diese Neigung kann durch kulturelle Einflüsse, Bildungsdefizite oder eine allgemeine Faszination für das Unbekannte verstärkt werden.

Carl Jung, der bekannte Psychologe, sah in UFO-Sichtungen und der Prä-Astronautik eine moderne Mythologie, die den Menschen hilft, mit den Unsicherheiten und Komplexitäten des Lebens umzugehen. Diese Theorie spiegelt die tiefe menschliche Sehnsucht nach Sinn und die Suche nach einem größeren Zusammenhang wider.

Kritik an den ›Beweisen‹ der Prä-Astronautik

Wissenschaftler haben viele der sogenannten ›Beweise‹ der Prä-Astronautik-Theorie widerlegt. Einige häufig zitierte Beispiele, wie die Piri-Reis-Karte, die angeblich antarktische Küstenlinien zeigt, oder die ›Glühbirnen‹ von Dendera, wurden durch detaillierte Analysen entmystifiziert. Die Piri-Reis-Karte wurde als eine mittelalterliche Darstellung bekanntes geografisches Wissens erkannt, und die Dendera-Reliefs wurden als symbolische Darstellungen verstanden, die in den religiösen Kontext des antiken Ägyptens passen.

Es gibt auch eine breite Debatte über die Interpretation von Texten wie den sumerischen Schriften oder dem biblischen Buch Ezechiel. Prä-Astronautik-Theoretiker neigen dazu, diese Texte als Beschreibungen technologischer Geräte oder außerirdischer Besuche zu lesen. Historiker und Philologen hingegen interpretieren diese Texte als mythologische Erzählungen, die in ihrem kulturellen und zeitlichen Kontext verstanden werden müssen.

Wissenschaftlicher Skeptizismus und die Notwendigkeit der kritischen Überprüfung

Ein zentraler Punkt der wissenschaftlichen Skepsis gegenüber der Prä-Astronautik ist die Betonung auf kritische Überprüfung und methodische Strenge. Die Wissenschaft ermutigt zur Hinterfragung und zum Testen von Hypothesen, anstatt sie unhinterfragt zu akzeptieren. Dies bedeutet nicht, dass die Wissenschaft gegenüber neuen Ideen verschlossen ist, sondern dass sie darauf besteht, dass Behauptungen durch belastbare Beweise unterstützt werden müssen.

Die Prä-Astronautik-Theorie bietet faszinierende und oft spektakuläre Erklärungen für historische Rätsel, doch ohne solide Beweise bleiben diese Erklärungen spekulativ. Wissenschaftler betonen, dass die wissenschaftliche Methode der beste Weg ist, um unsere Welt und unsere Vergangenheit zu verstehen. Sie fordert uns auf, neugierig zu bleiben, aber auch kritisch und methodisch vorzugehen, um die Wahrheit zu finden.

Zusammenfassung:

Der Dialog zwischen Wissenschaft und Prä-Astronautik

Die Prä-Astronautik-Theorie bleibt ein umstrittenes Thema, das sowohl auf Begeisterung als auch auf Skepsis stößt. Während ihre Befürworter weiterhin nach Beweisen für außerirdische Einflüsse suchen, bleibt die wissenschaftliche Gemeinschaft überwiegend kritisch und fordert rigorose Überprüfungen. Dieser Dialog zwischen Wissenschaft und Prä-Astronautik ist wichtig, da er uns lehrt, die Grenzen unseres Wissens zu erkennen und gleichzeitig offen für neue Entdeckungen zu bleiben.

Indem wir die wissenschaftlichen Perspektiven und die Skepsis gegenüber der Prä-Astronautik untersuchen, gewinnen wir ein tieferes Verständnis für die Methoden und Prinzipien, die der Erforschung unseres Universums zugrunde liegen. Es ist eine Erinnerung daran, dass der Weg zur Erkenntnis nicht immer einfach ist, aber durch sorgfältige Untersuchung und kritisches Denken können wir der Wahrheit näherkommen.

Pseudowissenschaft und ihre Kritiker

Die Prä-Astronautik, die Theorie, dass außerirdische Wesen in der Vergangenheit die Erde besucht und die menschliche Zivilisation beeinflusst haben könnten, ist ein faszinierendes, aber auch stark umstrittenes Thema. Ein Großteil der Kontroversen um diese Theorie dreht sich um ihre Einstufung als Pseudowissenschaft und die daraus resultierende Kritik. In diesem Kapitel untersuchen wir die Merkmale von Pseudowissenschaft, wie sie sich in der Prä-Astronautik manifestieren, und die Kritik, die von der wissenschaftlichen Gemeinschaft und anderen Beobachtern geäußert wird.

Was ist Pseudowissenschaft?

Pseudowissenschaft bezeichnet Behauptungen, Überzeugungen oder Praktiken, die als wissenschaftlich präsentiert werden, aber nicht den wissenschaftlichen Methoden und Standards entsprechen. Typische Merkmale von Pseudowissenschaft sind:

- **Mangel an empirischer Überprüfbarkeit und Falsifizierbarkeit**

- **Verwendung von vagen oder ungenauen Begriffen**

- **Übermäßige Berufung auf Anekdoten und Augenzeugenberichte**

- **Widerstand gegen kritische Prüfung und Peer-Review**

- **Behauptungen von Verschwörungen oder Unterdrückung durch die wissenschaftliche Gemeinschaft**

Die Prä-Astronautik-Theorie weist viele dieser Merkmale auf. Ihre Befürworter präsentieren oft spekulative Interpretationen von archäologischen Funden und alten Texten als Beweise für außerirdische Besuche, ohne dass diese Interpretationen durch empirische Beweise gestützt werden.

Die Rolle der Pseudowissenschaft in der Prä-Astronautik

Die Prä-Astronautik stützt sich häufig auf Methoden und Argumentationsweisen, die in der wissenschaftlichen Gemeinschaft als pseudowissenschaftlich eingestuft werden. Dies zeigt sich in mehreren Aspekten:

Selektive Verwendung von Beweisen

Prä-Astronautik-Theoretiker neigen dazu, Beweise selektiv zu verwenden und zu interpretieren, um ihre Hypothesen zu stützen. Sie greifen oft auf bestimmte archäologische Artefakte, alte Texte oder geografische Anomalien zurück, die sie als Beweise für außerirdische Besuche interpretieren. Diese Beweise werden oft aus dem Kontext gerissen und nicht im Licht aller verfügbaren Daten analysiert. Beispielsweise werden die Nazca-Linien, die Pyramiden von Gizeh oder die antiken Texte der Sumerer oft als Indizien für außerirdische Einflüsse präsentiert, ohne dass dabei die umfassenden wissenschaftlichen Forschung en berücksichtigt werden, die alternative und plausiblere Erklärungen bieten.

Fehlende Falsifizierbarkeit

Ein zentrales Kriterium wissenschaftlicher Theorien ist ihre Falsifizierbarkeit – die Möglichkeit, sie durch empirische Daten zu widerlegen. Viele der Behauptungen der Prä-Astronautik sind jedoch so formuliert, dass sie nicht widerlegbar sind. Beispielsweise kann die Behauptung, dass außerirdische Wesen Technologien hinterlassen haben, die wir nicht erkennen können, weder bewiesen noch widerlegt werden, da sie auf nicht überprüfbaren Annahmen beruht.

Berufung auf Verschwörungstheorien

Ein weiteres Merkmal der Pseudowissenschaft in der Prä-Astronautik ist die häufige Berufung auf Verschwörungstheorien. Befürworter argumentieren oft, dass Beweise für außerirdische Besuche absichtlich von Regierungen oder der wissenschaftlichen Gemeinschaft unterdrückt werden. Diese Behauptungen dienen dazu, die mangelnde Akzeptanz in der wissenschaftlichen Gemeinschaft zu erklären, und vermeiden eine kritische Auseinandersetzung mit den eigenen Theorien.

Kritik an der Prä-Astronautik

Die Prä-Astronautik steht unter erheblicher Kritik, sowohl von Seiten der wissenschaftlichen Gemeinschaft als auch von

Skeptikern und Wissenschaftsjournalisten. Die Kritik konzentriert sich auf mehrere Hauptpunkte:

Mangel an empirischen Beweisen

Wissenschaftler kritisieren die Prä-Astronautik-Theorie vor allem wegen des Mangels an empirischen Beweisen. Während die Theorie faszinierende und oft spektakuläre Behauptungen aufstellt, fehlen ihr die belastbaren Beweise, die in der Wissenschaft erforderlich sind. Archäologische Artefakte und alte Texte, die von Prä-Astronautik-Theoretikern als Beweise angeführt werden, können oft durch bekannte historische, kulturelle und technologische Kontexte erklärt werden.

Unwissenschaftliche Methodologie

Die Methodologie der Prä-Astronautik wird als unwissenschaftlich betrachtet, weil sie oft auf spekulativen Interpretationen und selektiver Beweisführung beruht. Wissenschaftliche Forschung erfordert rigorose Methoden, peer-reviewte Publikationen und eine kritische Überprüfung durch die wissenschaftliche Gemeinschaft. Die Prä-Astronautik hingegen verlässt sich häufig auf populärwissenschaftliche Bücher, Dokumentationen und Vorträge, die keine strengen wissenschaftlichen Standards erfüllen.

Kultureller Chauvinismus

Ein weiterer Kritikpunkt ist, dass die Prä-Astronautik häufig impliziert, dass antike Kulturen nicht in der Lage waren, ihre beeindruckenden technologischen und architektonischen Leistungen ohne außerirdische Hilfe zu vollbringen. Dies wird als kultureller Chauvinismus angesehen, der die Fähigkeiten und das Wissen dieser Kulturen unterschätzt und entwertet.

Verbreitung von Fehlinformationen

Skeptiker warnen auch vor der Verbreitung von Fehlinformationen durch die Prä-Astronautik. Die populären Darstellungen in Büchern und Medien führen oft dazu, dass Menschen falsche Vorstellungen über die Geschichte und Wissenschaft entwickeln. Dies kann das Verständnis und die Wertschätzung für echte wissenschaftliche und archäologische Forschungen untergraben.

Die Bedeutung kritischen Denkens

Die Untersuchung der Prä-Astronautik und der Kritik daran unterstreicht die Bedeutung kritischen Denkens und wissenschaftlicher Methodologie. Kritisches Denken erfordert die Fähigkeit, Behauptungen sorgfältig zu prüfen, Beweise zu bewerten und Schlussfolgerungen basierend auf soliden, überprüfbaren Daten zu ziehen. Es erfordert auch die Bereitschaft, offen für neue Ideen zu sein, aber diese Ideen kritisch zu hinterfragen und zu testen.

In einer Welt, in der Informationen leicht zugänglich und oft ungeprüft verbreitet werden, ist es wichtiger denn je, die Prinzipien wissenschaftlichen Denkens zu fördern und zu verteidigen. Die Prä-Astronautik bietet eine faszinierende Perspektive auf die Geschichte und unser Verständnis des Universums, doch ohne die strengen Standards wissenschaftlicher Methodologie bleibt sie eine spekulative Theorie.

Zusammenfassung:

Die Prä-Astronautik-Theorie bleibt ein faszinierendes, aber auch stark umstrittenes Thema. Die Merkmale der Pseudowissenschaft, die in ihrer Argumentation und Methodologie zu finden sind, sowie die daraus resultierende Kritik von Seiten der wissenschaftlichen Gemeinschaft, werfen wichtige Fragen über die Natur des Wissens, der Beweisführung und der Wissenschaft auf. Dieses Kapitel hat gezeigt, wie die wissenschaftliche Methodologie und kritisches Denken entscheidend sind, um zwischen spekulativen Theorien und fundierten wissenschaftlichen Erkenntnissen zu unterscheiden. Indem wir die Prä-Astronautik kritisch untersuchen, lernen wir, die Bedeutung von Beweisen, Falsifizierbarkeit und methodischer Strenge in der Suche nach Wahrheit und Verständnis unserer Welt zu schätzen.

Die Rolle der Medien und Popkultur

Die Prä-Astronautik hat sich als eines der faszinierendsten und umstrittensten Themen des 20. und 21. Jahrhunderts etabliert. Eine wesentliche Rolle in der Verbreitung und Popularisierung dieser Theorie spielen die Medien und die Popkultur. Filme, Bücher und Fernsehsendungen haben maßgeblich dazu beigetragen, das Konzept außerirdischer Besucher, die die Menschheit beeinflusst haben, in das öffentliche Bewusstsein zu rücken. Dieses Kapitel beleuchtet, wie die Medien und die Popkultur die Prä-Astronautik beeinflusst und geformt haben.

Die Macht der Literatur

Bücher haben eine zentrale Rolle bei der Verbreitung der Prä-Astronautik-Theorien gespielt. Einer der bekanntesten Autoren auf diesem Gebiet ist Erich von Däniken, dessen Bücher wie ›Erinnerungen an die Zukunft‹ (1968) weltweite Bestseller wurden. Von Däniken präsentierte seine Ideen mit einer Mischung aus spekulativer Wissenschaft und Abenteuergeschichten, die ein breites Publikum ansprachen. Seine Werke regten viele Leser dazu an, archäologische Stätten und historische Texte aus einer neuen Perspektive zu betrachten und die Möglichkeit außerirdischer Einflüsse ernsthaft in Betracht zu ziehen.

Neben von Däniken gibt es zahlreiche andere Autoren, die die Theorie der Prä-Astronautik in ihren Werken thematisiert haben. Werke wie ›Die Sirius-Mysterien‹ von Robert Temple und ›Chariots of the Gods?‹ von Andrew Tomas haben ebenfalls dazu beigetragen, das Interesse an der Prä-Astronautik zu wecken und zu fördern. Diese Bücher nutzten eine Mischung aus wissenschaftlicher Analyse und spekulativen Interpretationen, um ihre Leser zu fesseln und zum Nachdenken anzuregen.

Filme und Fernsehserien: Vom Bildschirm in die Köpfe

Der Einfluss von Filmen und Fernsehsendungen auf die Verbreitung der Prä-Astronautik-Theorie kann kaum überschätzt werden. Hollywood hat das Thema außerirdischer Besucher und ihre möglichen Auswirkungen auf die Menschheit seit Jahrzehnten aufgegriffen. Filme wie ›2001: Odyssee im Weltraum‹ (1968) von Stanley Kubrick und ›Unheimliche Begegnung der dritten Art‹ (1977) von Steven Spielberg haben die Vorstellungskraft der Zuschauer angeregt und das Interesse an der Möglichkeit außerirdischer Intelligenz geweckt.

Eine besonders einflussreiche Serie in diesem Zusammenhang ist ›Ancient Aliens‹ (auf Deutsch: ›Die Geheimnisse der Geschichte‹ oder ›Ancient Aliens – Unerklärliche Phänomene‹). Diese seit 2010 laufende Dokumentationsreihe auf dem History Channel untersucht verschiedene archäologische Stätten, historische Texte und Artefakte durch die Linse der Prä-Astronautik-Theorie. Die Serie hat dazu beigetragen, die Ideen der Prä-Astronautik einem breiten Publikum zugänglich zu machen und hat zahlreiche Zuschauer inspiriert, sich tiefer mit dem Thema zu beschäftigen.

Popkultur und das Erbe der Prä-Astronautik

Die Popkultur hat die Prä-Astronautik-Theorien nicht nur verbreitet, sondern auch in verschiedenen kreativen Formen weiterentwickelt. Comics, Videospiele und Musik haben die Vorstellung außerirdischer Interventionen in die menschliche Geschichte aufgegriffen und weitergesponnen. Diese Medienformate haben das Potenzial, jüngere Generationen zu erreichen und das Interesse an der Prä-Astronautik auf innovative Weise zu fördern.

Ein bemerkenswertes Beispiel ist die Videospielreihe ›Assassin's Creed‹, die historische Ereignisse mit der Idee außerirdischer Einflüsse verknüpft. Die Spiele kombinieren historische Recherchen mit spekulativen Narrativen, die auf der Prä-Astronautik-Theorie basieren, und bieten den Spielern eine interaktive Möglichkeit, sich mit diesen Ideen auseinanderzusetzen.

Wissenschaftliche Dokumentationen und Kritik

Neben populären Filmen und Serien haben auch wissenschaftliche Dokumentationen die Prä-Astronautik-Theorie untersucht und kritisch hinterfragt. Serien wie ›Cosmos‹ von Carl Sagan und später Neil deGrasse Tyson sowie Dokumentationen auf Plattformen wie National Geographic haben die wissenschaftlichen und archäologischen Perspektiven auf die Prä-Astronautik dargestellt und die oft spekulativen Behauptungen ihrer Befürworter kritisch beleuchtet.

Diese wissenschaftlichen Perspektiven sind entscheidend, um ein ausgewogenes Verständnis der Prä-Astronautik zu fördern. Sie bieten eine Gegenstimme zu den oft sensationalistischen Darstellungen in der Popkultur und ermutigen die Zuschauer, die präsentierten Beweise kritisch zu hinterfragen und wissenschaftliche Methoden anzuwenden, um die Gültigkeit der Theorien zu prüfen.

Zusammenfassung:

Die doppelte Klinge der Medien

Die Medien und die Popkultur haben die Prä-Astronautik-Theorie sowohl gefördert als auch kritisch hinterfragt. Sie haben dazu beigetragen, die Idee außerirdischer Besucher in das öffentliche Bewusstsein zu rücken und eine breite Diskussion über die Möglichkeiten und Implikationen solcher Theorien anzuregen. Gleichzeitig haben sie aber auch dazu geführt, dass spekulative und unwissenschaftliche Behauptungen weit verbreitet wurden, was die Unterscheidung zwischen fundierter Wissenschaft und Pseudowissenschaft erschwert.

Insgesamt zeigt die Rolle der Medien und der Popkultur, wie tief die Prä-Astronautik-Theorien in unsere kulturelle Landschaft eingedrungen sind. Sie spiegeln das anhaltende menschliche Interesse an den großen Fragen unserer Existenz wider: Woher kommen wir? Sind wir allein im Universum? Und welche Geheimnisse birgt unsere Vergangenheit? Indem wir diese Fragen durch die Linse der Prä-Astronautik betrachten, enthüllen wir nicht nur die Grenzen unseres gegenwärtigen Wissens, sondern auch die unendlichen Möglichkeiten unserer Vorstellungskraft.

Psychologische Aspekte der Prä-Astronautik

Die Prä-Astronautik-Theorie fasziniert viele Menschen weltweit und löst tiefes Interesse, Leidenschaft und manchmal auch Skepsis aus. Doch warum glauben Menschen an diese Theorie, dass außerirdische Wesen in der Vergangenheit die menschliche Zivilisation beeinflusst haben könnten? Um dies zu verstehen, müssen wir die psychologischen Aspekte betrachten, die den Glauben an die Prä-Astronautik untermauern. Diese Aspekte umfassen unter anderem das Bedürfnis nach Bedeutung, den Drang nach Erklärungen für das Unerklärliche, den Einfluss von Verschwörungstheorien und die Rolle der kulturellen Prägung.

Die Suche nach Bedeutung und Zugehörigkeit

Eines der grundlegendsten Bedürfnisse des Menschen ist die Suche nach Bedeutung und Zugehörigkeit. Die Vorstellung, dass die Menschheit von hochentwickelten außerirdischen Zivilisationen besucht wurde, kann ein tiefes Gefühl der Bedeutung und Verbundenheit vermitteln. Der Glaube an die Prä-Astronautik bietet eine spannende und erhebende Perspektive auf unsere Geschichte, in der wir nicht nur Zufallsprodukte der Evolution sind, sondern Teil eines größeren, kosmischen Plans.

Menschen, die sich in ihrer eigenen Existenz und Geschichte verloren fühlen, finden in der Prä-Astronautik eine Art von Bestätigung und Trost. Diese Theorie bietet eine Erklärung für viele ungelöste Rätsel und stellt die Menschheit in einen größeren, intergalaktischen Kontext. Dies kann das Gefühl der Einsamkeit mindern und ein Gefühl der Zugehörigkeit zu etwas Größerem erzeugen.

Der Drang nach Erklärungen für das Unerklärliche

Der menschliche Geist strebt ständig danach, die Welt um sich herum zu verstehen und zu erklären. Historische Rätsel, archäologische Geheimnisse und unerklärliche Phänomene fordern diese natürliche Neugier heraus. Die Prä-Astronautik bietet eine scheinbar logische und fesselnde Erklärung für viele dieser Mysterien.

Beispiele hierfür sind die Pyramiden von Gizeh, die Nazca-Linien und andere beeindruckende architektonische und kulturelle Errungenschaften der Vergangenheit. Für viele Menschen erscheint es plausibel, dass solche monumentalen Werke nicht allein durch die damaligen technologischen und menschlichen Fähigkeiten erklärt werden können. Die Prä-Astronautik liefert eine verlockende Erklärung, indem sie außerirdische Hilfe postuliert. Diese Theorie füllt die Lücken in unserem Wissen und bietet ein kohärentes Narrativ, das die menschliche Vorstellungskraft beflügelt.

Verschwörungstheorien und Misstrauen gegenüber Autoritäten

Ein weiterer psychologischer Faktor, der den Glauben an die Prä-Astronautik fördert, ist das Misstrauen gegenüber offiziellen Erklärungen und Autoritäten. Verschwörungstheorien florieren in einem Umfeld des Misstrauens und der Skepsis gegenüber etablierten Institutionen. Die Idee, dass Regierungen und wissenschaftliche Gemeinschaften wichtige Informationen über außerirdische Einflüsse verbergen, passt gut in das Muster von Verschwörungstheorien.

Menschen, die sich von den offiziellen Erklärungen enttäuscht fühlen oder das Gefühl haben, dass ihre Fragen unbeantwortet bleiben, wenden sich oft alternativen Theorien zu, die ihnen das Gefühl geben, hinter die Kulissen zu blicken. Die Prä-Astronautik bietet genau diese Art von alternativer Erklärung. Sie erlaubt es den Gläubigen, sich als Teil einer exklusiven Gruppe zu sehen, die über geheimes Wissen verfügt und die wahre Geschichte der Menschheit kennt.

Kulturelle Prägung und Medien

Kulturelle Einflüsse und Medien spielen ebenfalls eine bedeutende Rolle in der Verbreitung und Akzeptanz der Prä-Astronautik-Theorie. Filme, Bücher und Fernsehsendungen, die außerirdische Einflüsse thematisieren, prägen die Vorstellungen und Überzeugungen der Menschen. Die Popkultur hat ein starkes Narrativ geschaffen, das die Prä-Astronautik nicht nur akzeptabel, sondern auch attraktiv macht.

Erich von Däniken und andere Autoren haben mit ihren Büchern einen tiefen Eindruck hinterlassen und die Theorie in den öffentlichen Diskurs eingeführt. Filme wie ›2001: Odyssee im Weltraum‹ und Serien wie ›Ancient Aliens‹ haben das Thema weiter popularisiert und eine breite Diskussion angeregt. Diese kulturellen Produkte fördern die Vorstellungskraft und schaffen eine Umgebung, in der die Prä-Astronautik nicht nur als möglich, sondern als wahrscheinlich betrachtet wird.

Kognitive Verzerrungen und Bestätigungsfehler

Kognitive Verzerrungen spielen ebenfalls eine wichtige Rolle bei der Akzeptanz der Prä-Astronautik. Der Bestätigungsfehler, bei dem Menschen Informationen bevorzugt suchen und interpretieren, die ihre bestehenden Überzeugungen bestätigen, ist ein mächtiges psychologisches Phänomen. Menschen neigen dazu, Beweise auszuwählen und zu betonen, die die Prä-Astronautik unterstützen, während sie widersprüchliche Informationen ignorieren oder abwerten.

Auch der Halo-Effekt kann hier eine Rolle spielen, bei dem der Glaube an eine Theorie auf die Wahrnehmung anderer Theorien übergreift. Wenn jemand von der Idee der Prä-Astronautik überzeugt ist, neigt diese Person möglicherweise dazu, auch andere pseudowissenschaftliche Theorien oder Verschwörungstheorien anzunehmen, weil sie in das gleiche gedankliche Muster passen.

Der Wunsch nach Abenteuer und Entdeckung

Schließlich darf der Wunsch nach Abenteuer und Entdeckung nicht unterschätzt werden. Die Prä-Astronautik-Theorie bietet eine aufregende und abenteuerliche Perspektive auf die Geschichte der Menschheit. Sie verwandelt archäologische Stätten in mysteriöse Relikte außerirdischer Besuche und lädt dazu ein, die Vergangenheit mit neuen Augen zu sehen. Dieses Gefühl von Abenteuer und Entdeckung spricht insbesondere Menschen an, die sich nach neuen Erfahrungen und Erkenntnissen sehnen.

Zusammenfassung:

Ein komplexes Geflecht psychologischer Faktoren

Der Glaube an die Prä-Astronautik ist tief in verschiedenen psychologischen Faktoren verwurzelt. Von der Suche nach Bedeutung und Zugehörigkeit über das Bedürfnis nach Erklärungen für das Unerklärliche bis hin zu kulturellen Einflüssen und kognitiven Verzerrungen – die Gründe für den Glauben an diese Theorie sind vielfältig und komplex. Diese psychologischen Aspekte helfen zu erklären, warum die Prä-Astronautik trotz mangelnder wissenschaftlicher Beweise eine so große Anziehungskraft auf viele Menschen ausübt. Indem wir diese Faktoren verstehen, können wir einen tieferen Einblick in die menschliche Natur und unsere ständige Suche nach Antworten auf die großen Fragen unserer Existenz gewinnen.

Alternative Erklärungen und Theorien

Die Prä-Astronautik, mit ihren faszinierenden und umstrittenen Behauptungen über außerirdische Besuche und Einflüsse auf die menschliche Zivilisation, hat eine breite Debatte ausgelöst. Während viele von der Idee begeistert sind, dass wir in der Vergangenheit von fortgeschrittenen außerirdischen Zivilisationen besucht wurden, bieten Wissenschaftler und Historiker zahlreiche alternative Erklärungen an. Diese wissenschaftlichen und rationalen Theorien versuchen, die gleichen Phänomene und Artefakte zu erklären, ohne auf außerirdische Interventionen zurückzugreifen.

Archäologie und Ingenieurskunst

Eine der stärksten Gegenargumente zur Prä-Astronautik ist die Fähigkeit der alten Zivilisationen, beeindruckende architektonische und ingenieurtechnische Leistungen zu vollbringen. Die Pyramiden von Gizeh, die Nazca-Linien und andere monumentale Bauwerke sind Zeugnisse der außergewöhnlichen Ingenieurskunst und des tiefen Wissens, das unsere Vorfahren besaßen.

Die Pyramiden von Gizeh beispielsweise wurden durch eine Kombination aus detaillierter Planung, mathematischem Wissen und harter körperlicher Arbeit errichtet. Historiker und Archäologen haben gezeigt, dass die Ägypter über fortschrittliche Techniken verfügten, um schwere Steinblöcke zu transportieren und präzise zu platzieren. Diese Techniken beinhalteten den Einsatz von Rampen, Hebeln und menschlicher Muskelkraft, unterstützt durch eine gut organisierte Arbeitskraft und sorgfältige logistische Planung.

Ebenso haben archäologische Untersuchungen der Nazca-Linien gezeigt, dass diese durch einfache, aber effektive Methoden geschaffen wurden. Die Nazca-Leute entfernten die oberste Schicht des dunklen Wüstengesteins, um den helleren Boden darunter freizulegen, und nutzten dabei primitive Werkzeuge und Techniken, die jedoch äußerst präzise angewendet wurden. Diese Linien könnten astronomischen oder rituellen Zwecken gedient haben, was durch die kulturellen Praktiken und den Glauben der Nazca-Leute erklärt werden kann.

Kulturelle und Religiöse Symbole

Viele der sogenannten Beweise für außerirdische Besuche beruhen auf der Interpretation alter Kunstwerke und Symbole. Prä-Astronautik-Theoretiker sehen in diesen Darstellungen oft Hinweise auf außerirdische Technologie oder Begegnungen. Wissenschaftler argumentieren jedoch, dass diese Symbole und Kunstwerke tief in den kulturellen und religiösen Kontexten der betreffenden Zivilisationen verwurzelt sind.

Zum Beispiel werden die Figuren und Symbole auf den Stelen und Reliefs der Maya oft als Beweise für außerirdische Einflüsse interpretiert. Doch Anthropologen und Historiker betonen, dass diese Darstellungen komplexe mythologische und religiöse Geschichten erzählen. Die Maya, wie viele andere alte Kulturen, verwendeten Symbolik, um ihre Götter, kosmologischen Vorstellungen und historischen Ereignisse darzustellen. Was als Astronauten oder Raumschiffe gedeutet wird, könnte in Wirklichkeit Gottheiten, Priester in zeremoniellen Gewändern oder mythologische Kreaturen darstellen.

Fortschritte in der Wissenschaft und Technik

Viele der beeindruckenden Artefakte und Strukturen, die von Prä-Astronautik-Anhängern als Beweise angeführt werden, können durch die damaligen wissenschaftlichen und technologischen Kenntnisse erklärt werden. Die alten Ägypter, Griechen, Römer und viele andere Zivilisationen entwickelten fortschrittliche Techniken in Bereichen wie Mathematik, Astronomie, Medizin und Ingenieurwesen.

Ein Beispiel dafür ist der Antikythera-Mechanismus, ein antikes griechisches Gerät, das als frühestes bekanntes Analogrechner gilt und zur Berechnung astronomischer Positionen diente. Solche Artefakte zeigen das hohe Maß an wissenschaftlicher und technischer Kompetenz, das unsere Vorfahren besaßen. Diese Errungenschaften waren das Ergebnis von Beobachtungen, Experimenten und der Weitergabe von Wissen über Generationen hinweg.

Anthropologie und menschliche Kreativität

Ein weiterer wichtiger Punkt ist die menschliche Kreativität und Innovationskraft. Der Mensch hat eine bemerkenswerte Fähigkeit, Lösungen für komplexe Probleme zu finden und neue Techniken zu entwickeln. Diese Fähigkeit zeigt sich in allen Aspekten der menschlichen Kultur, von Kunst und Musik bis hin zu Architektur und Wissenschaft.

Die riesigen Steinmonumente von Stonehenge, die Olmekenköpfe in Mexiko und die beeindruckenden Bauwerke der Inkas in Machu Picchu sind Zeugnisse dieser kreativen und innovativen Fähigkeiten. Archäologen und Anthropologen haben umfangreiche Forschungen durchgeführt, um die Methoden und Werkzeuge zu verstehen, die verwendet wurden, um diese Strukturen zu schaffen. Diese Forschungen zeigen, dass alte Zivilisationen in der Lage waren, unglaubliche Dinge zu erreichen, ohne die Hilfe von außerirdischen Besuchern.

Psychologische und soziologische Erklärungen

Die Prä-Astronautik bietet auch interessante Einblicke in die Psychologie und Soziologie der menschlichen Wahrnehmung und Glaubenssysteme. Der Glaube an außerirdische Besucher kann als eine moderne Form der Mythologie betrachtet werden, die unsere tiefsten Ängste, Hoffnungen und Fragen über die Existenz und den Platz der Menschheit im Universum widerspiegelt.

Menschen haben schon immer Geschichten und Mythen geschaffen, um das Unerklärliche zu erklären und einen Sinn für das Universum zu finden. Diese Mythen und Geschichten geben uns ein Gefühl der Kontrolle und des Verständnisses in einer oft chaotischen und unvorhersehbaren Welt. Die Prä-Astronautik-Theorie kann als eine Fortsetzung dieser Tradition gesehen werden, die versucht, die großen Rätsel unserer Vergangenheit und unseres Daseins zu erklären.

Zusammenfassung:

Die Stärke der wissenschaftlichen Erklärung

Die Prä-Astronautik fasziniert viele Menschen durch ihre aufregenden und mysteriösen Behauptungen. Doch die wissenschaftlichen und rationalen Erklärungen für die gleichen Phänomene und Artefakte bieten eine tiefere und oft beeindruckendere Sicht auf die menschliche Geschichte. Durch das Verständnis der kulturellen, technologischen und psychologischen Hintergründe können wir die großen Leistungen unserer Vorfahren würdigen und die beeindruckende Fähigkeit des menschlichen Geistes und der menschlichen Kreativität erkennen.

Diese alternativen Erklärungen laden uns ein, die Welt mit neugierigen und kritischen Augen zu betrachten, die Wunder der menschlichen Geschichte zu schätzen und zu erkennen, dass die Antworten auf viele unserer größten Fragen oft näher liegen, als wir denken.

Einfluss auf die moderne Gesellschaft

Die Prä-Astronautik-Theorie hat seit ihrer Popularisierung in den 1960er Jahren weitreichende Auswirkungen auf die moderne Kultur und Gesellschaft gehabt. Diese Idee, dass außerirdische Besucher in der Vergangenheit die Entwicklung der menschlichen Zivilisation beeinflusst haben könnten, hat nicht nur die wissenschaftliche Gemeinschaft herausgefordert, sondern auch tief in die Popkultur, die Medien und das kollektive Bewusstsein der Menschen Einzug gehalten.

Prä-Astronautik und Popkultur

Einer der offensichtlichsten Bereiche, in denen die Prä-Astronautik einen nachhaltigen Einfluss ausgeübt hat, ist die Popkultur. Filme, Fernsehserien, Bücher und Comics haben die Idee außerirdischer Besuche in der Vergangenheit aufgegriffen und weiterentwickelt. Ein prägnantes Beispiel hierfür ist die Fernsehserie ›Ancient Aliens‹, die seit 2009 ausgestrahlt wird und die Theorien von Erich von Däniken und anderen Prä-Astronautik-Befürwortern einem breiten Publikum zugänglich gemacht hat. Diese Serie hat maßgeblich dazu beigetragen, dass die Prä-Astronautik-Theorie in das öffentliche Bewusstsein eingebettet wurde.

Filme wie ›Stargate‹ und ›Indiana Jones und das Königreich des Kristallschädels‹ nutzen die Grundidee der Prä-Astronautik als zentrale Elemente ihrer Handlung. Diese Werke zeigen, wie tief verwurzelt die Vorstellung ist, dass die Menschheit von außerirdischen Wesen beeinflusst worden sein könnte. Sie regen die Fantasie der Zuschauer an und bieten spannende und exotische Erklärungen für historische Rätsel.

Auch in der Literatur hat die Prä-Astronautik-Theorie ihren Platz gefunden. Bücher von Autoren wie Erich von Däniken, Graham Hancock und Zecharia Sitchin haben sich millionenfach verkauft und eine große Leserschaft erreicht. Diese Werke sind oft so spannend und packend geschrieben, dass sie selbst skeptische Leser in ihren Bann ziehen können. Die Ideen und Theorien dieser Autoren haben eine lebhafte Debatte über die Geschichte der Menschheit und ihre möglichen außerirdischen Ursprünge ausgelöst.

Wissenschaftliche Diskussionen und öffentliche Skepsis

Die Verbreitung der Prä-Astronautik-Theorien hat auch zu einer verstärkten wissenschaftlichen Auseinandersetzung geführt. Viele Wissenschaftler und Historiker haben die Gelegenheit genutzt, um die Behauptungen der Prä-Astronautik kritisch zu hinterfragen und zu widerlegen. Diese Diskussionen haben dazu beigetragen, dass wissenschaftliche Methoden und kritisches Denken einem breiteren Publikum nähergebracht wurden.

Die öffentliche Skepsis gegenüber der Prä-Astronautik-Theorie hat jedoch auch gezeigt, dass es ein tiefes Bedürfnis nach einfachen und aufregenden Erklärungen für die komplexen Rätsel der Vergangenheit gibt. Dieses Bedürfnis wird oft durch die menschliche Natur genährt, nach Mustern zu suchen und Geschichten zu erfinden, die unser Verständnis der Welt erweitern. Die Prä-Astronautik bietet eine solche Geschichte, die sowohl faszinierend als auch provokativ ist.

Kulturelle und gesellschaftliche Implikationen

Die Prä-Astronautik-Theorie hat auch tiefgreifende kulturelle und gesellschaftliche Implikationen. Sie regt die Menschen dazu an, über die Grenzen des Bekannten hinauszudenken und sich vorzustellen, dass die Menschheit Teil eines größeren, kosmischen Plans sein könnte. Diese Vorstellung kann inspirierend und beängstigend zugleich sein, da sie die traditionellen Konzepte von Geschichte und Religion in Frage stellt.

Ein weiterer wichtiger Aspekt ist die Art und Weise, wie die Prä-Astronautik-Theorie genutzt wird, um kulturelle und historische Errungenschaften zu erklären. In vielen Fällen wird behauptet, dass bedeutende Bauwerke und technologische Fortschritte nicht ohne außerirdische Hilfe möglich gewesen wären. Diese Sichtweise kann als eine Form des Kulturpessimismus betrachtet werden, die die Fähigkeiten und das Wissen unserer Vorfahren herabsetzt. Es ist wichtig, diese Tendenz zu erkennen und die menschliche Kreativität und Ingenieurskunst zu würdigen, die hinter diesen beeindruckenden Leistungen stehen.

Soziale Bewegungen und Gemeinschaften

Die Prä-Astronautik-Theorie hat auch zur Bildung von Gemeinschaften und sozialen Bewegungen geführt, die sich dieser Idee verschrieben haben. Konferenzen, Treffen und Online-Foren bieten Plattformen für den Austausch von Ideen und Theorien über außerirdische Besuche in der Vergangenheit. Diese Gemeinschaften sind oft leidenschaftlich und engagiert, und sie fördern ein Gefühl der Zugehörigkeit und des gemeinsamen Ziels.

Diese sozialen Bewegungen können jedoch auch zu einer Polarisierung führen, da sie oft starke Meinungen und Überzeugungen vertreten. Die Debatten zwischen Befürwortern und Skeptikern der Prä-Astronautik können hitzig sein, und es ist nicht ungewöhnlich, dass emotionale Argumente die wissenschaftliche Diskussion überlagern. Dennoch bieten diese Bewegungen eine interessante Perspektive auf die Art und Weise, wie Menschen auf der Suche nach Antworten auf die großen Fragen der Existenz miteinander interagieren.

Zusammenfassung:

Eine bleibende Faszination

Die Prä-Astronautik-Theorie hat einen tiefgreifenden Einfluss auf die moderne Gesellschaft ausgeübt. Sie hat die Popkultur bereichert, wissenschaftliche Diskussionen angeregt und kulturelle und soziale Bewegungen inspiriert. Trotz der kontroversen Natur dieser Theorie bleibt ihre Faszination ungebrochen. Sie lädt uns ein, über die Möglichkeiten und Geheimnisse des Universums nachzudenken und unseren Platz in der Geschichte und im Kosmos zu hinterfragen. Die Prä-Astronautik bleibt ein faszinierendes und herausforderndes Thema, das weiterhin die Neugier und das Interesse der Menschen weckt.

Religiöse und philosophische Implikationen

Die Prä-Astronautik-Theorie, die besagt, dass außerirdische Wesen die Erde in der Vergangenheit besucht und die Entwicklung der menschlichen Zivilisation beeinflusst haben könnten, birgt weitreichende religiöse und philosophische Implikationen. Diese Theorie bietet nicht nur alternative Erklärungen für alte Mythen und Legenden, sondern fordert auch traditionelle religiöse Überzeugungen heraus und eröffnet neue Perspektiven auf die philosophische Bedeutung unserer Existenz.

Die Verbindung zwischen Prä-Astronautik und Religion

Die Prä-Astronautik-Theorie wirft Fragen auf, die tief in die religiösen Überzeugungen vieler Kulturen eingreifen. Eine der zentralen Behauptungen dieser Theorie ist, dass viele Gottheiten und übernatürliche Wesen, die in religiösen Texten beschrieben werden, in Wirklichkeit außerirdische Besucher waren. Diese These wird durch die Interpretation von Schriften und Artefakten gestützt, die als Beweise für fortschrittliche Technologien und Wissen betrachtet werden, das angeblich nicht von Menschen jener Zeit stammen konnte.

Beispielsweise wird oft auf die biblische Geschichte der Engel und die Himmelfahrt des Propheten Elias hingewiesen. In der Prä-Astronautik wird argumentiert, dass diese Engel außerirdische Wesen waren und dass Elias von einem Raumschiff in den Himmel getragen wurde. Solche Interpretationen zwingen uns, religiöse Texte und Geschichten aus einer neuen Perspektive zu betrachten und zu überlegen, ob sie möglicherweise Berichte über tatsächliche Begegnungen mit fortschrittlichen außerirdischen Zivilisationen enthalten.

Ein weiteres Beispiel ist die hinduistische Mythologie, die detaillierte Beschreibungen von Flugmaschinen, sogenannten Vimana, enthält. Diese Fluggeräte werden in alten Texten wie dem Mahabharata und dem Ramayana erwähnt und als göttliche Fahrzeuge beschrieben. Prä-Astronautik-Theoretiker sehen in diesen Beschreibungen Hinweise auf fortschrittliche Technologie, die den Menschen von außerirdischen Besuchern zur Verfügung gestellt wurde.

Philosophische Bedeutung und Herausforderungen

Die Prä-Astronautik-Theorie stellt nicht nur religiöse Überzeugungen infrage, sondern hat auch tiefgreifende philosophische Implikationen. Wenn außerirdische Wesen tatsächlich die Entwicklung der Menschheit beeinflusst haben, stellt sich die Frage nach dem freien Willen und der Autonomie des Menschen. Sind wir das Produkt eigener Anstrengungen und Evolution, oder sind wir das Ergebnis der Manipulation durch höhere Intelligenzen?

Diese Idee führt zu weiteren philosophischen Überlegungen über die Natur des Wissens und der Wahrheit. Wenn unsere historischen Aufzeichnungen und religiösen Texte tatsächlich Berichte über außerirdische Besuche enthalten, wie können wir dann sicher sein, was Wahrheit und was Mythos ist? Diese Ungewissheit zwingt uns, unsere Methoden der Wissensgewinnung und die Art und Weise, wie wir Geschichte und Realität verstehen, zu überdenken.

Darüber hinaus berührt die Prä-Astronautik-Theorie Fragen der menschlichen Identität und unseres Platzes im Universum. Wenn wir Teil eines größeren, kosmischen Plans sind, ändert sich unser Verständnis von Bedeutung und Zweck. Diese Theorie kann sowohl beängstigend als auch befreiend wirken, da sie die Möglichkeit eröffnet, dass wir nicht allein im Universum sind und dass es höhere Intelligenzen gibt, die unser Schicksal beeinflussen.

Die Reaktionen der religiösen Gemeinschaften

Die Reaktionen auf die Prä-Astronautik-Theorie sind innerhalb religiöser Gemeinschaften unterschiedlich. Einige sehen darin eine Bedrohung ihrer traditionellen Überzeugungen und lehnen sie kategorisch ab. Sie argumentieren, dass die Theorie eine Form des modernen Götzendienstes ist, die versucht, die Macht und Bedeutung der göttlichen Wesen zu untergraben.

Andere wiederum sind offen für die Möglichkeit, dass außerirdische Einflüsse eine Rolle in den heiligen Geschichten ihrer Religion gespielt haben könnten. Sie sehen in der Prä-

Astronautik eine Ergänzung zu ihrem Glauben und sind der Meinung, dass die Existenz außerirdischer Zivilisationen das Werk Gottes nur noch wunderbarer und komplexer macht.

Ein interessantes Beispiel ist die katholische Kirche, die in den letzten Jahren eine gewisse Offenheit gegenüber der Möglichkeit außerirdischen Lebens gezeigt hat. Führende Kirchenvertreter haben erklärt, dass die Entdeckung außerirdischen Lebens kein Widerspruch zum Glauben an Gott wäre, sondern vielmehr seine Schöpfung erweitern würde. Diese Haltung zeigt, dass es möglich ist, traditionelle religiöse Überzeugungen mit modernen wissenschaftlichen und theoretischen Entwicklungen in Einklang zu bringen.

Die Suche nach einer höheren Wahrheit

Letztlich lädt die Prä-Astronautik-Theorie uns ein, über die Grenzen unseres bisherigen Verständnisses hinauszuschauen und eine umfassendere Sicht auf unsere Existenz zu entwickeln. Sie fordert uns heraus, die Verbindungen zwischen den Geschichten und Mythen unserer Vorfahren und den modernen wissenschaftlichen Entdeckungen zu erkunden.

Die philosophische Bedeutung der Prä-Astronautik liegt darin, dass sie uns dazu anregt, nach einer höheren Wahrheit zu suchen und die Natur unseres Seins zu hinterfragen. Sie fordert uns auf, die traditionellen Konzepte von Gottheit und Schöpfung zu überdenken und offen für neue Möglichkeiten zu sein. In diesem Sinne ist die Prä-Astronautik nicht nur eine Theorie über die Vergangenheit, sondern auch eine Einladung, unsere

Zukunft zu gestalten und unser Verständnis des Universums zu erweitern.

Durch die Erforschung der religiösen und philosophischen Implikationen der Prä-Astronautik können wir neue Einsichten gewinnen und die tiefere Bedeutung unserer Existenz im Kosmos besser verstehen. Diese Reise der Entdeckung und des Nachdenkens ist ein wesentlicher Bestandteil der menschlichen Erfahrung und eröffnet uns die Möglichkeit, unseren Platz im Universum auf eine neue und aufregende Weise zu betrachten.

Die Rolle der Prä-Astronautik in der Wissenschaftsgeschichte

Die Prä-Astronautik-Theorie, die die Idee propagiert, dass außerirdische Besucher in der fernen Vergangenheit die menschliche Zivilisation beeinflusst haben, hat einen bemerkenswerten und kontroversen Platz in der Wissenschaftsgeschichte eingenommen. Diese Theorie hat nicht nur populäre Diskussionen befeuert, sondern auch tiefgehende Fragen über die Natur des wissenschaftlichen Fortschritts, die Grenzen unseres Wissens und die Offenheit gegenüber neuen, unkonventionellen Ideen aufgeworfen.

Der Aufstieg der Prä-Astronautik in der Wissenschaft

Die Prä-Astronautik erlangte in der Mitte des 20. Jahrhunderts erhebliche Aufmerksamkeit, vor allem durch die Werke von Autoren wie Erich von Däniken, dessen Buch Erinnerungen an die Zukunft (1968) zu einem internationalen Bestseller wurde. Däniken stellte die provokante These auf, dass viele antike Bauwerke und Artefakte auf den Einfluss außerirdischer Zivilisationen zurückzuführen seien. Diese Ideen fanden in der breiten Öffentlichkeit großen Anklang und inspirierten eine Vielzahl von weiteren Veröffentlichungen, Dokumentationen und Diskussionen.

Die Wissenschaftsgemeinschaft reagierte jedoch mit gemischten Gefühlen auf die aufkommende Popularität der Prä-Astronautik. Einerseits gab es Wissenschaftler, die die Notwendigkeit sahen, die Möglichkeit außerirdischen Lebens und interstellarer Reisen ernsthaft zu erwägen, besonders im Kontext der beginnenden Raumfahrtära und der Entdeckung neuer astronomischer Phänomene. Andererseits betrachteten viele etablierte Wissenschaftler die Prä-Astronautik als spekulativ und pseudowissenschaftlich, da sie oft auf anekdotischen Beweisen und spekulativen Interpretationen basierte, anstatt auf strengen wissenschaftlichen Methoden.

Einfluss auf die Archäologie und Anthropologie

Die Prä-Astronautik hat insbesondere in den Feldern der Archäologie und Anthropologie zu heftigen Debatten geführt. Anhänger der Theorie argumentierten, dass bestimmte archäologische Funde, wie die Pyramiden von Gizeh, die Nazca-Linien und die steinernen Monumente von Baalbek, Beweise für den Einsatz fortschrittlicher Technologien seien, die den damaligen menschlichen Fähigkeiten weit überlegen waren. Diese Interpretation forderte traditionelle Erklärungen heraus und führte zu einer neuen Welle von Forschungen und Veröffentlichungen.

Wissenschaftler in diesen Disziplinen mussten sich mit der öffentlichen Wahrnehmung auseinandersetzen, dass etablierte Theorien möglicherweise unzureichend oder falsch seien. Dies führte zu einer verstärkten Überprüfung und Validierung von archäologischen Methoden und Theorien. Es entstand ein erhöhter Druck, überzeugendere Beweise und Erklärungen zu liefern, um die menschliche Herkunft und Entwicklung schlüssig darzustellen. Dadurch förderte die Prä-Astronautik indirekt einen kritischen und reflektierten Ansatz in der wissenschaftlichen Forschung, der zur Verfeinerung bestehender Theorien beitrug.

Ein neuer Blick auf das Universum

Die Prä-Astronautik hat auch die wissenschaftliche Erforschung des Universums und die Suche nach außerirdischem Leben beeinflusst. Die Frage, ob wir im Universum allein sind, wurde durch die Prä-Astronautik populärwissenschaftlich und philosophisch aufgeladen. Wissenschaftliche Projekte wie SETI (Search for Extraterrestrial Intelligence) wurden durch das gestiegene öffentliche Interesse an der Möglichkeit außerirdischen Lebens unterstützt.

Diese Theorie führte dazu, dass Wissenschaftler über die Grenzen der Erde hinausblickten und nach Anzeichen für intelligentes Leben suchten. Dabei wurden neue Technologien und Methoden entwickelt, um Signale aus dem Weltraum zu analysieren und interstellare Kommunikation zu erforschen. Obwohl bisher keine schlüssigen Beweise für außerirdisches Leben gefunden wurden, hat die Prä-Astronautik dazu beigetragen, das Interesse und die Finanzierung für diese Forschung aufrechtzuerhalten.

Interdisziplinäre Auswirkungen

Die Prä-Astronautik hat auch interdisziplinäre Auswirkungen gezeigt, indem sie Brücken zwischen verschiedenen wissenschaftlichen Disziplinen schlug. Sie hat Physiker, Astronomen, Historiker, Archäologen und Anthropologen dazu gebracht, gemeinsam über die Ursprünge und die Entwicklung der menschlichen Zivilisation nachzudenken. Diese Zusammenarbeit hat zu neuen Erkenntnissen und einem tieferen Verständnis der menschlichen Geschichte geführt.

Ein Beispiel hierfür ist die Forschung zu alten Texten und Artefakten, die sowohl archäologische als auch linguistische und astronomische Expertise erfordert. Die Untersuchung von alten Himmelsdarstellungen und mythologischen Erzählungen hat dazu beigetragen, astronomisches Wissen und historische Kontexte besser zu verstehen. Diese interdisziplinären Ansätze haben gezeigt, dass die Grenzen zwischen den wissenschaftlichen Disziplinen oft fließend sind und dass ein umfassendes Verständnis unserer Vergangenheit eine Zusammenarbeit und Integration verschiedener Perspektiven erfordert.

Kritische Reflexion und die Bedeutung wissenschaftlicher Methodik

Die Prä-Astronautik hat auch die Bedeutung der wissenschaftlichen Methodik und der kritischen Reflexion in den Vordergrund gerückt. Wissenschaft lebt von Hypothesen, die überprüft und validiert werden müssen. Die Prä-Astronautik hat gezeigt, wie wichtig es ist, skeptisch zu bleiben und Beweise kritisch zu hinterfragen. Sie hat Wissenschaftler dazu ermutigt, rigoroser und transparenter in ihrer Forschung zu sein, um spekulativen Theorien entgegenzuwirken.

Diese kritische Haltung hat dazu beigetragen, die wissenschaftliche Integrität zu stärken und die Standards für Beweisführung und Argumentation zu erhöhen. Sie hat auch das Bewusstsein dafür geschärft, dass wissenschaftliche Erkenntnisse ständig überprüft und weiterentwickelt werden müssen und dass Offenheit für neue Ideen und Theorien notwendig ist, solange sie auf soliden wissenschaftlichen Grundlagen beruhen.

Zusammenfassung:

Eine bleibende Wirkung

Die Prä-Astronautik hat trotz der Kontroversen, die sie umgeben, einen bleibenden Einfluss auf die Wissenschaft und die Erforschung des Unbekannten ausgeübt. Sie hat dazu beigetragen, die öffentliche Neugierde und das Interesse an der Erforschung des Universums zu wecken und die Grenzen unseres Wissens zu erweitern. Sie hat gezeigt, dass Wissenschaft nicht in einem Vakuum existiert, sondern tief in kulturelle, philosophische und historische Kontexte eingebettet ist.

Indem sie die etablierten Theorien und Ansichten herausgefordert hat, hat die Prä-Astronautik auch dazu beigetragen, dass die Wissenschaftsgemeinschaft sich weiterentwickelt und sich neuen Fragen und Herausforderungen stellt. In diesem Sinne ist die Prä-Astronautik ein wichtiger Teil der Wissenschaftsgeschichte, der uns daran erinnert, dass das Streben nach Wissen und Verständnis ein fortwährender Prozess ist, der Offenheit, Kreativität und kritisches Denken erfordert.

Die Grabplatte von Pakals Sarkophag (Umzeichnung), Credit: File:Pacal_the_Great_tomb_lid.svg, Madman2001

Aktuelle Entwicklungen und zukünftige Forschungen

In den letzten Jahrzehnten hat die Prä-Astronautik eine bemerkenswerte Evolution durchlaufen. Was einst eine Randtheorie war, die oft als spekulativ oder sogar pseudowissenschaftlich abgetan wurde, hat sich zu einem faszinierenden Feld entwickelt, das sowohl Hobbyisten als auch seriöse Forscher anzieht. Durch neue Technologien und wissenschaftliche Fortschritte eröffnen sich nun Möglichkeiten, die Grenzen unseres Wissens über die Vergangenheit und mögliche außerirdische Einflüsse auf die Menschheit zu erweitern.

Die Rolle moderner Technologie

Moderne Technologie hat die Forschung im Bereich der Prä-Astronautik revolutioniert. Satellitenbilder, Bodenradar und LIDAR (Light Detection and Ranging) haben die Archäologie verändert, indem sie das Auffinden und Analysieren alter Strukturen und Artefakte erleichtern. Diese Technologien ermöglichen es Forschern, tiefer in die Geheimnisse der Vergangenheit einzutauchen, ohne invasive Methoden anwenden zu müssen, die wertvolle historische Stätten beschädigen könnten.

Ein Beispiel dafür ist die Entdeckung verborgener Strukturen in dichten Dschungelgebieten, wie die kürzlich entdeckten

Überreste der Maya-Zivilisationen in Guatemala. Durch den Einsatz von LIDAR wurden umfangreiche Netzwerke von Städten, Straßen und landwirtschaftlichen Flächen sichtbar, die zuvor unter der dichten Vegetation verborgen waren. Solche Entdeckungen eröffnen neue Perspektiven auf die Fähigkeiten und den Einfallsreichtum alter Kulturen, was wiederum die Debatte über mögliche außerirdische Einflüsse bereichert.

Neue Theorien und Interpretationen

Die Prä-Astronautik-Theorie entwickelt sich weiter, und neue Theorien und Interpretationen entstehen, die sowohl alte als auch neue Entdeckungen einbeziehen. Einige Forscher argumentieren, dass es in der Vergangenheit globale Katastrophen gegeben haben könnte, die zu einem ›Neustart‹ der Zivilisation führten. In diesem Kontext wird spekuliert, dass Überlebende einer hochentwickelten Zivilisation – möglicherweise mit außerirdischer Unterstützung – ihr Wissen weitergegeben haben könnten, um den Wiederaufbau zu erleichtern.

Eine der spannendsten neuen Theorien betrifft die Rolle von Kometen und Asteroiden in der Geschichte der Erde. Es wird diskutiert, dass diese Himmelskörper nicht nur das Leben auf unserem Planeten beeinflusst haben könnten, sondern auch Träger von außerirdischem Leben oder Technologie gewesen sein könnten. Diese Hypothese verbindet die Prä-Astronautik mit der Panspermie-Theorie, die vorschlägt, dass das Leben auf der Erde durch Mikroorganismen aus dem All entstanden ist.

Interdisziplinäre Ansätze und Zusammenarbeit

Ein bedeutender Trend in der aktuellen Forschung ist die zunehmende Zusammenarbeit zwischen verschiedenen wissenschaftlichen Disziplinen. Historiker, Archäologen, Astronomen, Biologen und Informatiker arbeiten gemeinsam an Projekten, die das Verständnis der Menschheitsgeschichte und möglicher außerirdischer Einflüsse vertiefen sollen. Solche interdisziplinären Ansätze ermöglichen es, verschiedene Blickwinkel zu kombinieren und ein umfassenderes Bild der Vergangenheit zu zeichnen.

Ein bemerkenswertes Beispiel ist das SETI-Projekt (Search for Extraterrestrial Intelligence), das seit Jahrzehnten Signale aus dem Weltraum überwacht, um Hinweise auf außerirdische Intelligenz zu finden. Neueste Fortschritte in der Radioastronomie und Datenanalyse haben die Fähigkeit der Wissenschaftler verbessert, schwache und komplexe Signale zu identifizieren, die bisher übersehen wurden. Diese Fortschritte könnten irgendwann den entscheidenden Beweis für außerirdisches Leben liefern.

Die Suche nach außerirdischem Leben

Die Entdeckung von Exoplaneten – Planeten, die andere Sterne als unsere Sonne umkreisen – hat die Suche nach außerirdischem Leben stark vorangetrieben. Mit Teleskopen wie dem Kepler-Weltraumteleskop und dem James-Webb-Weltraumteleskop haben Astronomen Tausende von Exoplaneten entdeckt, von denen viele in der ›habitablen Zone‹ ihrer

Sterne liegen, wo flüssiges Wasser und möglicherweise Leben existieren könnte.

Parallel dazu hat die Entwicklung neuer, empfindlicherer Instrumente die Möglichkeit eröffnet, atmosphärische Anzeichen von Leben auf diesen Exoplaneten zu erkennen. Die Analyse von Atmosphären auf der Suche nach Biomarkern wie Sauerstoff, Methan und anderen Chemikalien, die auf biologische Prozesse hinweisen, könnte in naher Zukunft zu bahnbrechenden Entdeckungen führen.

Zukünftige Forschungsprojekte und Expeditionen

Ein aufregender Bereich zukünftiger Forschung sind geplante Expeditionen zu anderen Planeten und Monden unseres Sonnensystems. Die Missionen zu Mars und Europa, einem der Jupitermonde, haben das Potenzial, das Wissen über die Möglichkeit außerirdischen Lebens drastisch zu erweitern. Mars-Missionen, wie die des Perseverance-Rovers der NASA, suchen nach Anzeichen von vergangenem oder gegenwärtigem Leben und untersuchen gleichzeitig die geologischen und klimatischen Bedingungen des Planeten.

Europa, mit seinem unter einer Eiskruste verborgenen Ozean, ist ein weiterer vielversprechender Kandidat für die Suche nach Leben. Geplante Missionen wie die Europa Clipper der NASA sollen die Eiskruste durchdringen und nach möglichen Lebensformen in den darunter liegenden Gewässern suchen. Diese Forschung könnte direkte Hinweise auf außerirdisches

Leben liefern und gleichzeitig das Verständnis der Bedingungen, die Leben ermöglichen, vertiefen.

Die Zukunft der Prä-Astronautik

Die Prä-Astronautik steht an einem spannenden Scheideweg. Die Integration moderner Technologien, interdisziplinärer Zusammenarbeit und neuer Theorien eröffnet bisher ungeahnte Möglichkeiten, das Wissen über unsere Vergangenheit und mögliche außerirdische Einflüsse zu erweitern. Während die wissenschaftliche Gemeinschaft weiterhin skeptisch bleibt und auf strenge Beweisführung besteht, bleibt das Interesse an der Prä-Astronautik ungebrochen.

Die Zukunft der Prä-Astronautik wird maßgeblich davon abhängen, wie gut es gelingt, spekulative Theorien durch solide wissenschaftliche Forschung zu unterstützen. Neue Entdeckungen und Technologien könnten dazu beitragen, einige der größten Rätsel unserer Geschichte zu lösen und möglicherweise bestätigen, dass wir nicht allein im Universum sind. So bleibt die Prä-Astronautik ein faszinierendes Feld, das sowohl Forscher als auch die breite Öffentlichkeit dazu inspiriert, die Grenzen unseres Wissens zu erweitern und die tiefsten Fragen unserer Existenz zu erkunden.

Fazit: Die Grenzen unseres Wissens

Am Ende unserer Reise durch die Welt der Prä-Astronautik stehen wir vor einem komplexen Geflecht aus Mythen, Theorien, wissenschaftlichen Untersuchungen und spekulativen Ideen. Die Prä-Astronautik hat sich von einer Randtheorie zu einem faszinierenden Diskurs entwickelt, der weit über das einfache ›Was-wäre-wenn‹ hinausgeht. Sie zwingt uns, grundlegende Fragen über unsere Geschichte, unsere Existenz und unseren Platz im Universum zu stellen.

Eine Zusammenfassung der Erkenntnisse

Die Prä-Astronautik-Theorie postuliert, dass außerirdische Wesen in der fernen Vergangenheit die Erde besucht und die Entwicklung der menschlichen Zivilisation beeinflusst haben könnten. Diese Idee hat ihre Wurzeln in alten Mythen und Legenden, die von göttlichen oder übernatürlichen Wesen berichten, und wurde durch die Arbeiten von Pionieren wie Erich von Däniken populär gemacht. Von den monumentalen Pyramiden Ägyptens über die mysteriösen Nazca-Linien in Peru bis hin zu den tiefgründigen Überlieferungen der Dogon in Westafrika, jede dieser Geschichten bietet einen faszinierenden, wenn auch umstrittenen, Einblick in die Möglichkeit außerirdischer Einflüsse.

Die wissenschaftliche Gemeinschaft steht der Prä-Astronautik meist skeptisch gegenüber und fordert rigorose

Beweise für solche außergewöhnlichen Behauptungen. Kritiker verweisen auf die Pseudowissenschaftlichkeit vieler Argumente und betonen die Notwendigkeit fundierter, empirischer Forschung. Dennoch hat die Prä-Astronautik auch innerhalb der Wissenschaftsgeschichte eine bedeutende Rolle gespielt, indem sie dazu beigetragen hat, Diskussionen über die Menschheitsgeschichte und die Möglichkeit außerirdischen Lebens zu befeuern.

Die Grenzen unseres Wissens

Die Prä-Astronautik erinnert uns immer wieder daran, wie begrenzt unser Wissen über die Vergangenheit und das Universum tatsächlich ist. Trotz jahrzehntelanger Forschung bleibt vieles im Dunkeln. Unsere technologischen Fortschritte haben zwar neue Methoden zur Untersuchung und Analyse alter Artefakte und Stätten ermöglicht, aber definitive Beweise für außerirdische Einflüsse stehen weiterhin aus. Dies liegt nicht zuletzt daran, dass unsere Interpretation von Beweisen oft durch unsere kulturellen und wissenschaftlichen Vorannahmen gefärbt ist.

Die Erforschung der Prä-Astronautik konfrontiert uns mit der Ungewissheit und den Lücken in unserer Geschichte. Sie fordert uns auf, offen für neue Ideen zu bleiben und gleichzeitig kritisch zu hinterfragen, was wir als gesicherte Erkenntnis betrachten. Diese Spannung zwischen Neugierde und Skepsis ist der Motor wissenschaftlichen Fortschritts und der ständigen Erweiterung unseres Wissenshorizonts.

Ausblick auf die zukünftige Entwicklung

Die Zukunft der Prä-Astronautik-Theorien wird maßgeblich davon abhängen, wie sich Wissenschaft und Technologie weiterentwickeln. Neue Entdeckungen, wie die kontinuierliche Erforschung von Exoplaneten oder die Analyse der atmosphärischen Bedingungen auf fernen Welten, könnten entscheidende Hinweise liefern. Gleichzeitig wird die interdisziplinäre Zusammenarbeit zwischen Archäologen, Historikern, Astronomen und anderen Wissenschaftlern immer wichtiger, um ein umfassenderes Bild unserer Vergangenheit zu zeichnen.

Der Einfluss der Medien und Popkultur auf die Prä-Astronautik wird weiterhin eine bedeutende Rolle spielen. Filme, Bücher und Fernsehsendungen haben die Vorstellungskraft der Menschen beflügelt und das öffentliche Interesse an der Frage nach außerirdischem Leben wachgehalten. Dieses breite Interesse könnte dazu beitragen, die Forschung in diesem Bereich weiter voranzutreiben und neue Generationen von Wissenschaftlern und Enthusiasten zu inspirieren.

Letztlich bleibt die Prä-Astronautik ein faszinierendes und herausforderndes Gebiet, das sowohl unsere Vorstellungskraft als auch unsere wissenschaftlichen Fähigkeiten auf die Probe stellt. Die Erforschung dieser Theorien mag zwar an den Grenzen unseres gegenwärtigen Wissens operieren, doch genau hier liegt ihr größtes Potenzial: Sie ermutigt uns, weiter zu fragen, weiter zu forschen und niemals zufrieden mit einfachen Antworten zu sein.

Mit jedem neuen Fund, jeder neuen Hypothese und jeder neuen Technologie rücken wir dem Verständnis unserer eigenen Geschichte und der möglichen Existenz außerirdischen Lebens ein Stück näher. Ob die Prä-Astronautik letztlich bestätigt oder widerlegt wird, spielt dabei eine weniger wichtige Rolle als die Tatsache, dass sie uns dazu bringt, über die Grenzen des Bekannten hinauszudenken und das Unbekannte zu erkunden. So bleibt die Prä-Astronautik ein bleibendes Zeugnis unserer unerschütterlichen Neugier und des ständigen Strebens nach Wissen und Wahrheit.

Über den Autor

Lutz Spilker wurde im Jahre 1955 in Duisburg geboren.

Bevor er zum Schreiben von Romanen und Dokumentationen fand, verließen bisher unzählige Kurzgeschichten, Kolumnen und Versdichtungen seine Feder.

In seinen Büchern befasst er sich vorrangig mit dem menschlichen Bewusstsein und der damit verbundenen Wahrnehmung. Seine Grenzen sind nicht die, welche mit der Endlichkeit des Denkens, des Handelns und des Lebens begrenzt werden, sondern jene, die der empirischen Denkform noch nicht unterliegen.

Es sind die Möglichkeiten des Machbaren, die Dinge, welche sich allein in der Vorstellung eines jeden Menschen darstellen und aufgrund der Flüchtigkeit des Geistes unbewiesen bleiben. Die Erkenntnis besitzt ihre Gültigkeit lediglich bis zur Erlangung einer neuen und die passiert zu jeder weiteren Sekunde.

Die Welt von Lutz Spilker beginnt dort, wo zu Beginn allen Seins nichts Fassbares war, als leerer Raum. Kein Vorne, kein Hinten, kein Oben und kein Unten. Kein Glaube, kein Wissen, keine Moral, keine Gesetze und keine Grenzen. Nichts.

In Lutz Spilkers Romanen passieren heimtückische Morde ebenso wie die Zauber eines Märchens. Seine Bücher sind oftmals Thriller, Krimi, Abenteuer, Science Fiction, Fantasy und selbst Love-Story in einem.

»Ich liebe die Sprache: Sie vermag zu streicheln, zu liebkosen und zu Tränen zu rühren. Doch sie kann ebenso stachelig sein, wie der Dorn einer Rose und mit nur einem Hieb zerschmettern.«

In dieser Reihe sind bisher erschienen

Die Erfindung der Langeweile
Die Erfindung des Menschen
Die Erfindung des Geldes
Die Erfindung des Teufels
Die Erfindung des Erfolgs
Die Erfindung der Sterblichkeit
Die Erfindung der Lüge
Die Erfindung der Freiheit
Die Erfindung des Todes
Die Erfindung der Welt
Die Erfindung des Inselmenschen
Die Erfindung der Zeit
Die Erfindung der Seele
Die Erfindung der Politik
Die Erfindung des Gewissens
Die Erfindung der Religion
Die Erfindung der Schuld
Die Erfindung der Gerechtigkeit
Die Erfindung des Friedens
Die Erfindung des Selbstgesprächs
Die Erfindung der Zukunft
Die Erfindung der Pornographie
Die Erfindung der Verschwendung
Die Erfindung des Erwachsenseins
Die Erfindung der Hölle
Die Erfindung der Überbevölkerung
Die Erfindung des Himmels
Die Erfindung der Monarchie
Die Erfindung der Unterhaltung
Die Erfindung der Sprache
Die Erfindung der Musik
Die Erfindung der Wiedergeburt

Die Erfindung des Zufalls
Die Erfindung der Namen
Die Erfindung des Bewusstseins
Die Erfindung des freien Willens
Die Erfindung des Wahrsagens
Die Erfindung der Körpersprache
Die Erfindung des Schlafs
Die Erfindung der Sklaverei
Die Erfindung der Angst
Die Erfindung der Vernunft
Die Erfindung des Vollmonds
Die Erfindung des Vitamin B
Die Erfindung des Make-Up
Die Erfindung des Weihnachtsfestes
Die Erfindung des Ku-Klux-Klan
Die Erfindung des Träumens
Die Erfindung der Flaschenpost
Die Erfindung der Mafia
Die Erfindung der Freimaurer
Die Erfindung der Freibeuter
Die Erfindung der Raumfahrt
Die Erfindung der Tempelritter
Die Erfindung des ADHS-Syndroms
Die Erfindung der Homöopathie
Die Erfindung der Freizeitparks
Die Erfindung des Werwolfs
Die Erfindung des Astralkörpers
Die Erfindung des Zölibats
Die Erfindung des Herkules
Die Erfindung des Vampirs
Die Erfindung der Philosophie
Die Erfindung des Bieres
Die Erfindung des Ungeheuers von Loch Ness
Die Erfindung der Prä-Astronautik

Zeitfracht Medien GmbH
Ferdinand-Jühlke-Straße 7
99095 Erfurt, Deutschland
produktsicherheit@kolibri360.de